DIE ANGST ZU STERBEN

P. Brandt

Die Angst zu sterben

Bibliografische Information der Deutschen Bibliothek:
Die Deutsche Bibliothek verzeichnet diese Publikation in der
Deutschen Nationalbibliografie; detaillierte Informationen sind
im Internet über
<http://dnb.ddb.de> abrufbar.

© 2006 P. Brandt
Lektorat, Satz, Umschlaggestaltung, Herstellung und Verlag:
Books on Demand GmbH, Norderstedt
ISBN-10: 3-8334-4332-4
ISBN-13: 978-3-8334-4332-9

ORIGINALABSCHRIFT AUS EINER INGOLSTÄDTER TAGESZEITUNG VOM 02. DEZEMBER 1990

Versuch eines Nachrufs
»DDR« – oder: Gedanken zum 03. 10. 1990

… von einem, der in Berlin Prenzlauer Berg geboren wurde, dort aufwuchs, in Ostberlin eine Familie gründete und auch studierte. Der mit dieser Familie vom »Stasi« eingesperrt wurde und der im Dezember 1965 an die Bundesrepublik verkauft wurde und dann in Ingolstadt ein neues Leben begann.

Natürlich war ich auch am 2. und 3. Oktober 1990 in der DDR. Und selbstverständlich auch in Berlin. Zuerst am Prenzlauer Berg, in der Christburgerstraße, und dann am Alex, »Unter den Linden« und am Brandenburger Tor. Schließlich bleibt es (oder wird es erst wieder) doch meine Heimat. Mehr als einmal hatte ich einen dicken Kloß im Hals und war den Tränen näher als dem Lachen. Mittlerweile ist Bayern meine zweite Heimat geworden. Sicher für einen Berliner nicht leicht. Aber wer Humor versteht, wem die bayerische Art gefällt (und das tut sie), wer vor allem auch über sich selber lachen kann, der wird sich auch als Preuße in Bayern wohl fühlen.

Doch nun zurück zum 03. 10. 1990 in Berlin. Was geht jemanden durch den Kopf, der beim Versuch, das Brandenburger Tor an irgendeiner Stelle der Mauer 1965 ohne Genehmigung mit Frau und zweijähriger Tochter zu passieren und der dabei vom »Stasi« verhaftet, eingesperrt und verurteilt wurde? »Was habt ihr aus diesem Teil unseres Landes gemacht?«, das ging mir laufend durch den Kopf. Wie kann ein Mann, der vor 1945 in einem KZ gewesen sein soll, wie kann dieser Herr Honecker es in seinem Land genauso machen? Häftlinge foltern, zum Tode verurteilen? Worin bestand eigentlich der Unterschied zwischen der Hitler-Diktatur und der Ulbricht-Honecker-Diktatur? Warum schämen sich die Handlanger dieses Regimes nicht in Grund und Boden? Ist eine Entschuldigung nicht zu wenig für all das Leid, das sie über hunderttausende Menschen gebracht haben?

An keiner Stelle Deutschlands war die Teilung unseres Landes so brutal und schmerzhaft wie in Berlin. Eltern wurden über Nacht von ihren Kindern getrennt, Bruder von Bruder, Freunde von Freunden. Man muss in Berlin hinter der Mauer gelebt haben, um den Trubel, die Tränen und die Freude verstehen zu können, und dann kommen viele Gedanken von selber. Wer außerhalb der Mauer weiß schon, welchem Druck jeder ausgesetzt war, der mit dem Bau der Mauer nicht aufhörte zu denken. Wer zu laut dachte, wanderte für ein bis zwei Jahre zur Stasi. Auch einige meiner Studienkollegen konnten davon ein Lied singen. Ich wurde 1964 von meinem damaligen Chef, der kurz vor seiner Pensionierung stand, gewarnt, dass mein so genanntes Maß voll sei. Ob ich nicht eine Möglichkeit wüsste, wie ich möglichst schnell in die Bundesrepublik umziehen könnte. Darum versuchte ich Anfang 1965, »meinen Wohnsitz nach Bayern zu verlegen«. Meine Familie und ich wurden verhaftet. Ich wurde in eine Zelle beim Stasi gesteckt, ebenso meine Frau, unser Kind wurde uns weggenommen. In Haft begriff ich sehr schnell, wie wahr die Warnung meines Chefs gewesen war. Das kam so: Am Ostersamstagabend um 20 Uhr wurden wir verhaftet, die ganze Nacht vernommen und am Sonntagmorgen um 6 Uhr kam ich nach Hohenschönhausen zur Stasi. Um 6.30 Uhr wurde ich aus der Zelle zur Vernehmung geholt. Dort zog der Stasioffizier einen dicken Ordner aus dem Tresor, auf dem stand in großen Buchstaben mein Name. Ich bin stolz auf diesen Ordner, oder besser, auf das, was drin steht. Der Offizier schüttelte beim Lesen und Umblättern laufend den Kopf. Auf meine Frage meinte er, es sei ihm schleierhaft, warum ich jetzt erst eingeliefert worden sei. Für das, was in meinem Ordner stünde, wären 100 Jahre Haft normal.

Man benötigte 10,5 Stunden, an einem Feiertag, um meine Unterlagen zusammenzubekommen. Das zeigt, wie gut die Überwachung in diesem Staat durchorganisiert war. Anhand einiger Stichpunkte, die dieser Offizier von sich gab, fiel mir so manches wieder ein. Zum Beispiel habe ich einmal bei irgendeiner Fete einen Zusammenhang zwischen der Diktatur vor 1945 und nach 1945 aufgezeigt. Für uns Menschen bestand da kein Unterschied. Oder: Einmal soll ich gesagt haben, und das glaube ich auch, dass es zwar stimme, dass die SED nach 1945 die Grafen, Barone und andere Adelsstände abgeschafft hätte, aber in deren Schlösser sind sie dann selbst eingezogen. Auch in diesem Falle habe sich für die Menschen in der DDR nichts geändert. Oder: meine Weigerung, an einem Skatturnier des Betriebes teilzunehmen, wenn Offiziere der Grenzbrigade »Oberbaumbrücke« teilnehmen.

Und später, wie viel Elend habe ich im Lager X beim Stasi kennen gelernt. In meiner Zelle war ein alter Dorfschmiedemeister aus Mecklenburg. Was es mit diesem alten Schmiedemeister auf sich hatte, darauf komme ich später noch zu sprechen. Solche Schicksale gab es zu Tausenden in den Gefängnissen der Stasi.

Oft wurde mir bei DDR-Besuchen gesagt: Wir hier haben doch den Krieg nicht allein verloren! Sie hatten sicher Recht mit dieser Aussage. Doch auch die Bundesbürger hatten Recht, wenn sie darauf nur antworteten, es sei doch nicht ihre Schuld, dass alles so ist, das mit der Mauer und der DDR. Oder: Nach dem Fall der Mauer hörte ich immer wieder von Menschen in der BRD sinngemäß solche Sätze: Was gehen uns diese Menschen in der DDR an? Wie kommen sie dazu, von uns Geld zu fordern? Sie sollen arbeiten wie wir, und das 40 Jahre lang, dann leben sie auch so wie wir. Das ist meines Erachtens genauso borniert und dumm wie das, was ich in der ehemaligen DDR des Öfteren hörte: Alle drüben in der BRD sind doch nur an Geld interessiert und gehen dafür über Leichen.

Ich denke, auch Presse, Fernsehen und Rundfunk, hüben wie drüben, sollten sich bemühen, die nun einmal begonnene Einigung aus der Parteibrille herauszuhalten und mit allen Kräften zu unterstützen und auch nicht im Namen irgendwelcher Sensationen diesen Prozess erschweren. Wir waren und sind alle Deutsche. Und wenn jeder Mensch etwas mehr Rücksicht auf den »drüben«, egal von welcher Seite aus, nimmt, dann werden wir auch wieder ein hoffentlich friedliches Deutschland sein.

Lebenslauf

Am 12. Juni 1930 wurde ich als Sohn eines Lehrers und seiner Ehefrau geboren und wuchs mit fünf weiteren

Einschulung im April 1936 in die Volksschule
Kolmarer Strasse im Prenzlauer Berg.

Geschwistern in Berlin auf. Von 1936 bis 1940 besuchte ich die Volksschule und von 1940 bis 1945 die Oberschule im Bezirk Prenzlauer Berg in Berlin.

1945 musste ich die Oberschule verlassen, um meine Mutter sowie die fünf Geschwister zu ernähren. Ich arbeitete von 1945 bis 1949 bei verschiedenen Firmen als Hilfsarbeiter. 1949 zogen wir zu unserem Vater nach

Bayern (Spitalhof bei Ingolstadt). Von 1949 bis 1951 arbeitete ich in Ingolstadt zunächst als Hilfsarbeiter, um dann zwischen 1951 und 1953 bei einer Firma das Elektroinstallateurhandwerk zu erlernen. Nach Abschluss meiner Ausbildung war ich dann kurzfristig bei verschiedenen Elektrofirmen in Ingolstadt beschäftigt. Zwischenzeitlich war ich jedoch immer wieder arbeitslos. Da mir einerseits diese Kurzarbeit nebst Arbeitslosigkeit nicht passte, ich mich andererseits weiterqualifizieren wollte, zog ich 1954 wieder in meine Heimatstadt Berlin-Ost. Hier arbeitete ich als Betriebselektriker und besuchte von 1954 bis 1956 die Volkshochschule. Von 1956 bis 1962 absolvierte ich die Ingenieurschule für Starkstromtechnik in Berlin Hohenschöpping (Außenstelle der Ingenieurschule Mittweida). Im Jahr 1962 schloss ich dann mein Studium der Fachrichtung »Elektrische Anlagen und Geräte« mit der Gesamtnote »befriedigend« ab. Ab 1957 arbeitete ich als Betriebstechniker, von 1958 bis 1963 als Betriebsingenieur. Danach war ich als Operativtechnologe sowie Projektingenieur tätig. Am 17. 4. 1965 versuchte ich mit Ehefrau und zweijähriger Tochter unter Mithilfe meines Ingolstädter Schwagers aus der SBZ zu fliehen. Dabei wurden wir verhaftet. Im darauf folgenden Prozess wurde ich zu zwei Jahren Gefängnis verurteilt. Am 1. 12. 1965 wurden wir, für uns selbst völlig überraschend, in die Bundesrepublik entlassen.

Meine Geschichte

Wo beginnen? Wann fing mein Leben an? Nun, geboren wurde ich im Juni 1930, doch das weiß man ja selbst nur vom Erzählen. Vielleicht als ich zur Schule kam? Nach Ostern 1936. Ich war damals fünf Jahre alt, wurde erst im Juni sechs. Wir wohnten zu der Zeit mitten im Prenzlauer Berg in der Rykestraße. Die Schule befand sich am Wasserturm in der Kolmarer Straße. Nun, das alles ist nichts Besonderes. Mein Vater war von Beruf Lehrer und damit fing mein Pech an. Mein erster Lehrer in der Schule verprügelte mich fast jeden Tag. Er sagte immer dazu: »Damit du weißt, dass dein Vater Lehrer ist.« Verstanden habe ich das nie, aber es war halt so. Aber, da ich noch nicht sechs Jahre alt war, wurde ich von den anderen Schülern, die fast alle zum Teil bereits sieben Jahre oder älter waren, laufend verprügelt. Das ging so lange, bis ich in die 2. Klasse kam. Als ich begann, mich zu wehren, ließen mich meine Mitschüler schnell in Ruhe.

Eines Tages brannte die Synagoge am Ende der Rykestraße. Ich musste auf meinem Schulweg dort immer vorbei. Dass dies eine Synagoge war, wusste ich natürlich nicht. Auf Fragen sagte mein Vater damals nur, das sei eine Kirche für Juden. Doch was Juden sind, blieb mir unbekannt. Auch als die zwei Töchter unserer Hauswirtin, sie waren ungefähr in meinem Alter und ich spielte oft mit ihnen, über Nacht verschwanden, dachte ich mir nichts dabei. Mein Vater sagte nur, sie seien verzogen. Ich ärgerte mich nur, dass sie mir davon kein Wort erzählt hatten. Wir wohnten dort im Hinterhaus in einer kleinen Wohnung mit zwei Zimmern und einer Küche. Die Toilette war eine halbe Treppe tiefer oder höher im Treppenhaus. Doch 1939 zogen wir um in die Christburger Straße 9. Dort war eine große Wohnung mit vier Zimmern, Küche und Bad im Vorderhaus, 1. Stock, frei. Ich war damals neun Jahre und wir fünf Kinder freuten uns natürlich auf die schöne, große Wohnung. Zwar mussten wir da auch mit unseren zwei Schwestern, die damals sechs und vier Jahre alt waren, in einem Zimmer schlafen, doch hatte jetzt jeder sein eigenes Bett.

1940 bestand ich die Aufnahmeprüfung und kam dadurch in die Oberschule in der Pasteurstraße. Das ist alles nichts Besonderes, mein Abenteuerleben sollte erst noch beginnen.

Bereits im Herbst 1940 wurden diverse Klassen unserer Schule wegen laufender Bombenangriffe aus Berlin verlegt. Wir kamen nach Schlagl bei Gloggnitz, in die so genannte Ostmark (Österreich), in ein Hotel. Auch mein ein Jahr älterer Bruder war dabei, er war eine Klasse höher. Wir hatten kaum Unterricht, da fast nur die Turnlehrer bei uns waren. Für uns Kinder war das natürlich super, kaum Unterricht, aber viel Sport und viel Drill. Doch wäre das für normale Kinder auch super gewesen? Was würden unsere heutigen Kinder sagen, egal, wo in Deutschland, wenn ihnen gesagt werden würde: Wir fahren jetzt für die nächsten sechs Monate in die Berge oder ans Meer? Dort gibt es jedoch keine Schule, sondern nur Sport? Es war jedenfalls für uns damals ein großes Abenteuer.

Die Realität sah dann aber doch etwas anders aus. Jeden Morgen Stubenappelle, Bettkontrolle, Schrankkontrolle, anschließend klassenweise draußen antreten. Dann kam die Sauberkeitskontrolle. Doch ich glaube, ich habe ziemlich schnell erkannt, was wichtig war. Der verantwortliche Lehrer war nur scharf drauf, ob wir unsere Finger und Fingernägel sauber hatten. Ob wir schmutzige Füße oder sonst etwas hatten, interessierte ihn nicht, er schaute immer nur auf die Hände. Sicherlich war das von ihm nur Faulheit. Wer also schmutzige Hände oder Fingernägel hatte, musste sich nackt ausziehen und in eine Wanne mit kaltenmWasser steigen. Und das 1. vor der ganzen angetretenen Schülertruppe und 2. bei jedem Wetter, auch im tiefsten Winter. Und dann wurde auch noch anderen befohlen, den im Wasser stehenden Jungen mit einem so genannten Schrubber abzuschrubben. Schon da habe ich meinen Bruder nicht verstanden. Er war natürlich am ganzen Körper sehr sauber, viel sauberer als ich. Aber er war auch stur und ging immer wieder mit ungereinigten Fingernägeln zum Morgenappell und so meistens in die Wanne zum Abschrubben. Und dann gab es die Schrankkontrolle. Es gibt immer Wäsche oder Kleidungsstücke, die man nicht rechteckig falten kann. Mein Bruder hatte bestimmt Ordnung in seinem Schrank (bestimmt eine bessere als ich), aber sein Schrank wurde so ziemlich jeden Morgen eingerissen. Und da wir anderen meistens darunter leiden mussten, denn uns wurde ohne weitere Kontrolle auch immer alles aus dem Schrank auf die Erde geschmissen, waren wir froh, als er in ein anderes Zimmer verlegt wurde. Zumal er sowieso in einer anderen Klasse war.

Übrigens, warum mein Schrank danach nie eingerissen wurde? Wie schon geschrieben, der Schrank meines Bruders war immer besser aufgeräumt als meiner. Doch ich hatte mir einen Trick ausgedacht. Ich besorgte mir die doppelte Anzahl von Handtüchern, warum? Weil Handtücher sich hervorragend zum Falten eigneten, und diese Handtücher legte ich immer ganz sauber gefaltet vorne auf Kante der Fächer. Dahinter sah es aus wie bei »Hempels unterm Sofa«. Doch keiner der Prüfer machte sich je die Mühe, mal vorne den gefalteten Stapel wegzuräumen, um dahinter zu schauen! So, auch das musste mal geschrieben werden. (PS: Natürlich hatte ich versucht, auch meinem Bruder diesen Trick beizubringen, doch er wollte davon nichts wissen.)

Auch sonst ging es ziemlich hart zu. Nicht nur, dass wir die einheimischen Jugendlichen laufend verprügelten, wenn wir sie erwischten, sondern auch sonst benahmen wir uns nach dem Motto: Wir kommen aus Berlin, der Hauptstadt von Großdeutschland. Und deshalb sollten alle kleinen Ostmärker, so nannten wir die Menschen in der Ostmark, vor uns einen Diener machen. Aber das taten diese Leute natürlich nicht. Daher kamen die laufenden Schlägereien. Meist trafen wir uns auf einem nahe gelegenen Feld und dann ging die Prügelei los. Kurz gesagt, wir machten uns dort mit Sicherheit keine Freunde, denn natürlich kriegten auch wir dabei des Öfteren blutige Nasen. Aber nun weiter zu unserem Lager. Dort wurde trotz Verbot gespielt, und zwar Siebzehnundvier, ein ähnliches Spiel wie Pokern oder Schlesische Lotterie. Wir haben zwei Tote aus unserem Lager am Schwimmbecken gefunden. Angeblich, laut der Heimleitung, handelte es sich um Schwimmunfälle. Doch so war es nicht. Eines nachts musste ich zur Toilette im Flur, es war so gegen 23.30 Uhr. Als ich drin war, hörte ich vom Nebenklo jemanden schluchzen und weinen. Ich hörte genau hin und da meinte ich, es sei mein älterer Bruder. Laut rief ich:»Hey, Bruder, was ist denn los? Öffne bitte die Tür und erzähle mir, was los ist!« Und dann erzählte er mir, dass er öfters nachts bei den Großen, die zwischen 16 und 18 Jahre alt waren, im Zimmer gewesen sei und dort um Geld gespielt habe. Dabei habe er sein Taschengeld für die nächsten Jahre oder noch mehr verspielt. Sie hatten ihm vorletzte Nacht angedroht, wenn er in der kommenden Nacht nicht seine Schulden begleichen würde, landete er genau wie die zwei anderen als Schwimmunfall im Schwimmbad.

Ich überlegte kurz, dann sagte ich ihm, er solle sich in der nächsten Nacht nicht aus seinem Zimmer wagen, ich würde das für ihn erledigen. Danach gingen wir jeder in sein Zimmer. Doch vor dem Einschlafen überlegte ich nun, wie ich ihm helfen könnte und dann kam mir eine Idee. Am nächsten Morgen, gleich nach dem Frühstück, sprach ich einen der drei älteren Spieler an, mein Bruder hatte mir die Namen der anderen genannt, ich sagte: Du, ich bin der kleine Bruder von dem Großen, der euch so viel Geld schuldet. Mein Bruder will sich von mir Geld pumpen, um seine Schulden bei euch zu bezahlen. Ich hab schon Geld, aber ich will mit euch spielen, um das Geld zurückzugewinnen.«

Der andere lachte höhnisch: Na, du Knirps, wenn du willst, kannst du ja heute Abend um 23.30 Uhr in unser Zimmer kommen, aber bring ja genug Geld mit.«

Danach ging ich, natürlich so, dass mich dabei keiner sehen konnte, sofort zu der Leitung des Lagers. Ich erzählte ihnen natürlich nichts von meinem Bruder, sondern erfand eine Geschichte, dass ich von diesen Spielern gezwungen wurde, nächste Nacht dort mit meinen ganzen Ersparnissen zum Spiel zu erscheinen. Die Lagerleitung erklärte mir, nachdem ich ihnen auch die Zimmernummer und die drei Spielernamen genannt hatte, dass sie zirka 10 bis 15 Minuten nach 23.30 Uhr das Zimmer stürmen und alle im Zimmer befindlichen Personen zusammenschlagen würden. Natürlich auch mich, damit kein Verdacht auf mich als Verräter fallen würde. Ach du grüne Neune, dachte ich mir, aber was soll's, jetzt war ich schon so weit gegangen, außerdem wollte ich ja meinem Bruder unbedingt helfen. Die Zeit verging überhaupt nicht und mir war ganz schön mulmig zumute. Der Zeiger der Uhr rückte unendlich langsam voran. Hoffentlich ging alles gut. Dann endlich war es so weit und ich machte mich mit weichen Knien auf den Weg zu dem Zimmer, in dem gespielt werden sollte, ich kleiner Knirps, mit meinen zehn Jahren. Und als wir so spielten und ich vorsichtig auf meine Uhr schaute, lagen etliche Geldscheine, nicht nur von mir, auf dem Tisch. Als dann die Tür aufgerissen wurde, konnte ich hastig das meiste Geld in meine Hosentasche stecken, dann wurden wir brutal zusammengeschlagen, bis wir auf der Erde liegen blieben. Am nächsten Morgen waren die drei älteren Spieler nicht mehr im Lager. Es hieß offiziell, sie seien in andere Lager verlegt worden. Ich war zwar am ganzen Körper grün und blau geschlagen, konnte aber meinem Bruder einen Teil seines Taschengeldes wiedergeben und ihn gleichzeitig beruhigen, dass er nun vor den Spielern keine Angst mehr zu haben brauchte.

Lange Rede, kurzer Sinn: Aufgrund der vielen Vorkommnisse, wie zum Beispiel die laufenden Prügeleien, wurde kurz danach unser Lager komplett aufgelöst. Wir wurden auf andere Lager verteilt. Mein Bruder und ich wurden getrennt, ich kam nach Gars am Kamp. Dort war es etwas ruhiger als vorher in Schlagl b. Gloggnitz. Es wurde auch richtiger Unterricht erteilt. Da erinnere ich mich eigentlich nur an ein Ereignis: Jeden Tag gingen wir in den Kamp zum Schwimmen. Apropos Schwimmen, ich konnte nicht schwimmen. Ich hatte Angst vor dem Wasser und das kam so: Als wir noch in Berlin waren, fuhr unser Vater jedes Wochenende mit uns zum Treptower Park in ein Schwimmbad, das in der Spree war. Dort ließ er unseren älteren Bruder am Schwimmbecken ruhig spielen, aber mich und meinen kleineren Bruder nahm er einzeln unter dem Arm, ging in das tiefe Wasser und warf uns dann hinein mit dem Zuruf: »Nun schwimmt zurück!« Man kann sich sicher vorstellen, was für eine Panik wir hatten und wirklich verdammte Angst vor dem Ertrinken. Wir hatten beide schon die ganze Woche einen Horror vor dem Wochenende. Natürlich hatte er im Wald eine Stunde lang vor dem ersten Mal Trockenübungen mit uns beiden gemacht, wie man beim Schwimmen die Arme und Beine bewegen muss. Aufgrund dieses so genannten Schwimmkurses gehe ich heute noch nicht gerne ins Wasser. Obwohl ich 1962, da bin ich Vater einer Tochter geworden, in Berlin einen Schwimmkurs im Hallenbad in der Gartenstraße absolvierte. Nun weiter mit dem Schwimmen im Fluss Kamp. Schwimmen war in diesem Lager das Wichtigste für die Lagerleitung. Warum, weiß ich heute noch nicht, wer sich weigerte oder sogar sagte, er könne das nicht, hatte nichts mehr zu lachen. Also musste ich nur so tun als ob. Am Kamp war eine Holztreppe zum Hineingehen ins Wasser und so zirka 50 Meter weiter war wieder so eine Treppe zum Verlassen des Wassers. Das musste jeder etliche Male schaffen. Ich sah mir die Sache an und merkte, dass der Fluss eine gewisse Strömung hatte. Also, ich sprang in Richtung der unteren Treppe hinein, holte dabei tief Luft, als ich dann wieder hochkam zum Luft holen, hatte ich bereits ein gutes Stück an Strecke geschafft, natürlich mit Unterstützung der Strömung. Also tief Luft holen und so in die Tiefe gehen, dass ich mich beim Berühren des Fußbodens gleich wieder in die richtige Richtung abstoßen konnte. Und so kam ich jedes Mal, ohne schwimmen zu können, mithilfe der Wasserströmung durch und keiner merkte etwas von meiner Abneigung gegen Wasser und dass ich überhaupt nicht schwimmen konnte. Aber auch dieses Lager ging vorbei und 1941 kamen mein Bruder und ich wieder zurück nach Berlin.

Dort machten wir beide die Aufnahmeprüfung für die so genannte Rundfunkspielschar Berlin. Im Rundfunk wurde sie »Rundfunkspielschar Berlin unter Leitung von Willi Treder« genannt. Wir sangen des Öfteren zu Frühkonzerten im Ufa-Palast am Zoo, aber mehr noch im Radio. Dort gab es die Volkskonzerte. Da wir im Krieg waren, wünschten sich oft Soldaten unseren Chor. Meistens wurden die Aufnahmen für den Rundfunk gemacht. Wir mussten immer mit der S-Bahn bis Bahnhof Witzleben fahren und dann ins Funkhaus laufen. Jeder von uns musste einen Ausweis mit Passbild bei sich tragen. Denn diese Aufnahmen dauerten oft bis nach 22.00 Uhr und zu dieser Zeit war es Jungen wie uns eigentlich verboten, noch auf der Straße zu sein. Das Funkhaus wurde von Soldaten bewacht. Auch dort benötigte man diesen Ausweis um hineinzukommen.

Wir blieben bis August 1943 in Berlin. Unser Vater ließ meinen großen Bruder von der Oberschule zurück in eine Volksschule versetzen. Er sollte später auf die LBA (Lehrer-Bildungs-Anstalt) gehen. Seine neue Schule wurde im August 1943 nach Ostpreußen verlegt. Für uns Berliner hatte Ostpreußen immer mit Pferden, Abenteuern und so zu tun, so dass ich mitfuhr. Wir kamen nach Stabunken, Post Frauendorf, Kreis Heilsberg, und wurden auf die einzelnen Bauernhöfe aufgeteilt. Was wir hier erlebten, war super. Alle Bauern hatten auf dem Boden jede Menge Würste, Schinken und Ähnliches hängen. Ich hatte zwar Unterricht in der Volksschule, aber jeden Tag mussten wir auch die Pferde von der Weide holen. Mein Bruder und ich bekamen jeder ein Zaumzeug aus Stricken und so holten wir, jeder auf einem Pferd reitend, ohne Sattel, die Pferde von der Weide. Natürlich mussten wir erst auf das Pferd hinaufkommen. Das schafften wir mithilfe abgesägter Bäume, die wir dort fanden und über die wir hinauf auf die Pferderücken kletterten. Wie oft wir in den ersten Tagen hinunterfielen, na, es reichte uns. Aber irgendwann klappte es schließlich ganz gut. So lernte ich das Reiten. Noch etwas lernte ich dort: Ich musste alle zwei Tage nach Frauendorf, Post abholen. Der Bauer sagte, die zehn, zwölf Kilometer könne ich ja mit dem Fahrrad fahren, und zeigte mir, wo es stand. Aber ich konnte nicht Rad fahren. Was machen? Na, ich konnte ja Roller fahren mit dem Fahrrad. Ich wollte natürlich keinem erzählen, dass ich noch nie mit einem Fahrrad gefahren bin. Also rollerte ich. Doch irgendwann auf meinem Weg ging mir durch den Kopf: Mein Gott, wenn du auf einer Pedale stehen kannst, dann kannst du dich auch ganz aufs Fahrrad setzen. Gesagt, getan, ich setzte mich auf den Sattel und radelte los. Oh weh, fiel ich oft hin, wenigstens am Anfang, bei irgendwelchen Kurven schmiss es mich besonders oft vom Rad, aber nach diversen blauen Flecken hatte ich es so langsam raus. Doch das relativ schöne Leben, der Unterricht in der Volksschule war einfach, das Essen war mehr als super, Reiten war schön und auch das Radfahren, einfach alles, war viel zu schnell vorbei. Bereits im November 1943 mussten wir wieder zurück nach Berlin. Im gleichen Monat zogen wir wegen der Bombenangriffe auf Berlin in das Sudetenland.

Wann ist man erwachsen? Hat das mit den Lebensjahren zu tun? Ich glaube nicht. 1943, ich war gerade 13 Jahre alt, wurden wir also ins Ostsudetenland evakuiert, nach Spornhau im Altvatergebirge. Ich fuhr jeden Tag mit dem Zug zur Schule nach Freiwaldau. Die Fahrt ging über Ramsau, Oberlindewiese und Niederlindewiese. Wir waren eine richtige Clique. Ein Teil von uns ging in die Mittel- und ein Teil in die Oberschule. Eines Tages, es war im tiefsten Winter, sollte ich von unseren Lebensmittelkarten die uns zustehenden Hühnereier aus Freiwaldau mitbringen. Ich holte sie ab und ließ sie natürlich bei unserem Rumtoben im Zug hängen. Was tat meine Mutter? Sie schob mich abends so gegen 18.00 Uhr, es war stockdunkel, vor die Haustür und sagte: »Du kommst hier erst wieder herein, wenn du die Eier bringst!« Wir hatten dort oben zu der Zeit zum Teil minus 20 Grad und mehr. Ich lief vor Wut weinend über das Oberdorf in die Nacht hinein, verkroch mich in einer offenen Scheune mit vorhandenen Strohresten und wartete bis zum nächsten Morgen. Dann ging ich weiter bis ins nächste Dorf und bettelte mich von Tür zu Tür, erbat jeweils ein Hühnerei. Als ich am nächsten Abend zurückkam, war ich hungrig und durstig, ich hatte natürlich den ganzen Tag nichts gegessen. Nur gegen den Durst hatte ich, schon in der Nacht, Schnee geschluckt. Müde wie ein Hund war ich auch, doch meine Mutter sagte, sie müsse mich gleich wieder aussperren, denn der Brotbeutel, in dem die Eier gewesen waren, war ganz neu und der war ja auch noch weg.

Na, vielleicht wurde ich an diesen Tagen erwachsen.

Nach fast sechs Jahren Lärm, Bomben, Sirenen und Marschieren kam das Kriegsende. Aber wie? Lautlos. Doch vorher waren noch die Besatzer da. Ich war noch keine 15 Jahre alt und zum Glück kein Mädchen. Es schienen richtige Jäger zu sein, sie machten auf alles Jagd, auf Mädchen, Frauen, Omas, Essbares, Schmuck, Uhren, Alkohol. Apropos Alkohol, haben Sie schon einmal zugeschaut, wie ein Mann das Uralt-Lavendel Ihrer Mama austrinkt? Ich habe es hautnah miterlebt, denn ich stand daneben, der Soldat fiel nicht einmal um, nachdem er die Flasche Parfüm ausgetrunken hatte. Nach diesen Besatzern kamen andere Besatzer, um uns »Reichsdeutschen« den Befehl zu geben: »Haut ab nach Berlin.« Das sagte sich jedoch leichter, als es getan ist. Mein älterer Bruder wälzte den Atlas und dann machten wir uns auf, um zu Fuß vom Altvatergebirge nach Berlin zu laufen. Unsere jüngste Schwester war zu dieser Zeit erst zwei Jahre alt und musste von meiner Mutter den ganzen Weg im Kinderwagen geschoben werden. Also am nächsten Morgen gingen wir los. Wir hatten unseren transportablen Besitz, hauptsächlich Kleidung, in mehrere Koffer verpackt. Mit zwei Karren gingen wir los. Natürlich hatte unsere Mutter den Kinderwagen, in dem unsere jüngste Schwester lag, zusätzlich mit Sachen wie Kleidung und Essen für unsere Jüngsten bepackt.

Mein älterer Bruder hatte vorher den Atlas studiert und so gingen wir in Richtung Goldenstein, von dort weiter über Blaschke, Nieder-Lipka nach Glatz. Das liest sich so, als gingen wir bloß schnell um die Ecke, aber es waren viele Kilometer. Wenn unsere Mutter sagte, meistens zwischen 17.00 und 18.00 Uhr, es reiche für heute, dann musste ich immer vorlaufen, um für uns ein Quartier und vielleicht auch etwas zu essen zu besorgen. Ich sauste also ab, aber nach zirka 30 bis 40 Kilometern Fußmarsch kann man eigentlich nicht so einfach absausen. Als ich bei Leuten ankam, ging die Bettelei los. Die Leute öffneten kaum die Türe, viele davon schlossen sie sofort wieder, wenn ich um Quartier für eine Mutter mit sechs Kindern bat und vielleicht noch um Lebensmittel. Bis meine Mutter und Geschwister kamen, verging meistens, nach 60 bis 80 Absagen, über eine Stunde. Doch oft klappte es, obwohl wir des Öfteren auf dem Fußboden liegen mussten.

Wir liefen weiter über Glatz, Waldenburg-Dittersbach, Deutsch-Neuhaus, Hirschberg nach Görlitz. Hier erwischte es mich ganz schön. Wir gingen langsam durch die Stadt, da sah ich auf der anderen Straßenseite einen Bäckerladen, der geöffnet war. Zwar waren die Schaufenster sowie die geöffnete Tür aus Holzbrettern, doch da ich noch etwas Geld, natürlich Reichsmark, in der Tasche hatte, bat ich meine Familie, hier stehen zu bleiben und ging auf die andere Straßenseite in den Bäckerladen. Ich rief noch mal rüber zur anderen Straßenseite: »Vielleicht kann ich für die paar Reichsmark etwas Brot kaufen!« Hinein kam ich jedoch gar nicht. Ich wurde plötzlich von einem hinter der Holzbrettertür stehenden Soldaten, der hörte, dass ich Deutscher war, brutal mit dem Kolben seines Gewehres zusammengeschlagen. In diesem Moment dachte ich wirklich, dass ich meine Familie, die auf der anderen Straßenseite auf mich wartete, das letzte Mal gesehen habe. Noch als ich schon auf der Erde lag, schlug er nach mir, aber ich konnte mich schließlich wegrollen und humpelte über die Straße zurück. Ich war ja so froh, als ich wieder bei meiner Familie war und noch lebte. Am nächsten Tag hatte ich so ziemlich am ganzen Körper blaue Beulen. Ein Glück nur, dass meine Mutter nebst Geschwistern drüben geblieben war.

Wir hatten auf dem Marsch Richtung Liegnitz erfahren, dass am Hauptbahnhof in Liegnitz ein Zug mit Getreide bereitsteht, der noch am gleichen Tag abfahren sollte. Mit vielen Fragen fanden wir den Bahnhof und stießen dort auf ein neues Problem: Der Bahnhof war, wahrscheinlich im Hinblick auf die Fahrt des Getreidezuges nach Berlin, von ausländischen Soldaten abgeriegelt. Also, wie hineinkommen? Nun, ich fand einen Weg. Alle größeren Bahnhöfe hatten meistens einen Notausgang, zum Beispiel durch Kellergänge. Wenn man dort aus dem Bahnhof flüchten kann, muss man doch über diesen Weg auch hineinkommen. Gesagt, getan, ich suchte rund um den Bahnhof den Notausgang. Die Soldaten standen an allen Türen, durch die man hineinkommen konnte. Ich fand ganz im hinteren Außenteil des Bahnhofes eine alte Kellertreppe. Wir stiegen alle vorsichtig hinab und nach etlichen Kellergängen fanden wir eine Treppe, die nach oben führte. Leider hatten wir unseren Bruder verloren. Er war vormarschiert, weil wir für ihn etwas zu langsam liefen. Wir gingen vorsichtig die Treppe hoch und da stand der Zug und unser Bruder fand uns und so waren wir wieder zusammen. Es waren offene Güterwagen. Wir schlichen uns auf der anderen Seite an den Zug und dann rauf. Was wir natürlich nicht wussten, war, ob dieser Zug wirklich Richtung Berlin fährt. Also, wir kauerten auf den Getreidesäcken im Waggon und der Zug setzte sich langsam in Bewegung. Da die Getreidesäcke nicht bis zur Ladekante lagen, konnten wir uns verstecken, bis wir aus dem Bahnhof raus waren.

Nach zirka ein bis zwei Stunden meinte mein älterer Bruder, dass wir nach der Landkarte wirklich Richtung

Berlin fahren würden. Allerdings fuhr der Zug sehr langsam, es war eben ein Güterzug, hielt sehr oft vor irgendwelchen Bahnhöfen, doch jeder Kilometer in Richtung Berlin bedeutete für uns, diesen Kilometer brauchen wir nicht zu laufen. Übrigens, unser Gepäck wurde sowieso mit jedem Kilometer weniger. Überall auf unserer Straßenwanderung lauerten Soldaten oder andere Menschen in Uniform, brachen unsere Koffer auf, nahmen sich das, was ihnen gefiel und ließen uns danach erst weitergehen. Auf unserem Waggon war auch eine junge Frau. Dass sie eine junge Frau war, sahen wir erst, als der Zug unterwegs war. Sie hatte Schals und Tücher um ihren Kopf geschlungen und sah wie eine alte Frau aus, aber nach einigen Stunden auf dem Waggon, es war ja auch ziemlich warm, entfernte sie ihre Vermummung. Sie war eine junge, hübsche, blonde Frau. Und das wurde ihr zum Verhängnis. Plötzlich fuhr der Zug langsamer und passierte eine Gruppe von Soldaten. Kurz danach hielt der Zug auf freier Strecke und ein paar Waggons weiter kletterten die Soldaten alle auf den Zug. Als es dunkel wurde, kamen sie auf unseren Waggon geklettert. Wir hatten ein oder zwei Getreidesäcke herausgezogen, da kletterten unsere Mutter und unsere Schwestern hinein und wir drei Jungen legten uns so, als ob wir allein waren. Als die Soldaten zu uns hinüberleuchteten, winkten sie ab. Kinder, männliche, waren für sie uninteressant. Wir hörten anfangs nur das Weinen und Stöhnen der Frau. Am nächsten Morgen war sie weg. Ob die Soldaten sie einfach hinuntergeworfen oder mitgenommen hatten, wir wussten es nicht. Doch der Zug fuhr weiter. An irgendeinem Bahnhof hielten wir an, nach mehreren Stunden. Da kam aus der Richtung, in die wir fahren mussten, ein Zug. Er hielt genau auf dem Nebengleis neben uns. Die Waggons hatten keine Schiebetüren, stattdessen waren senkrechte Stahlgitter angebracht. Darin waren Männer, sie trugen deutsche Soldatenuniformen. Frauen, die auf anderen Waggons unseres Zuges saßen, riefen laut hinüber: »Seid ihr von den Waffen-SS?«

»Nein«, kam es aus mehreren Waggons der Soldaten zurück, sie waren ganz einfache Soldaten. Daraufhin warfen etliche Frauen Schachteln mit Zigaretten, Päckchen mit Tabak oder auch einfach Brot hinüber. Doch vieles davon fiel auf die Gleise, da der andere Zug ein paar Meter weiter stand. Hinzu kam, längs des Zuges liefen Soldaten mit einem Gewehr, das sie schussbereit in ihren Händen hielten. Sie passten auf, dass die Gefangenen in den Waggons nichts bekamen. Doch mir taten die Gefangenen Leid. Ich kletterte von unserem Waggon hinunter und warf alles in den nächsten Waggon und, nachdem ich mehrere Waggons passiert hatte, stand plötzlich ein Besatzer hinter mir und hielt sein Gewehr gegen meinen Rücken. Da riefen die Gefangenen: »Papier, Papier her«, und sofort winkten mehrere der Gefangenen mit Papier durch die Gitterstäbe und meinten, sie bräuchten Papier für die Toilette. Darauf schubste mich der Besatzer mit seinem Gewehr zu unserem Waggon und ich kletterte schnell wieder hinauf.

Mein Bruder erzählte mir neulich, alle Geschwister und unsere Mutter hätten damals große Angst gehabt, dass ich erschossen werden würde. Erst später erfuhren wir, dass es sich um einen Gefangenentransport handelte.

In Senftenberg kamen Kontrollen und wir mussten runter vom Waggon. Doch wir hatten ein Riesenglück. In Senftenberg stand, nach einer Übernachtung in einer alten Scheune, ein neuer Güterzug, der bis Berlin fahren sollte. Es war übrigens mittlerweile der 12. Juni, mein 15. Geburtstag, und wir hatten Glück, dass wir mitfahren durften. Wir konnten bis Köpenick mitfahren. Vorn dort aus ging es wieder zu Fuß bis zur Christburger Straße. Natürlich war dieser Weg auch länger als ein Satz. Doch als wir zu Hause ankamen, konnten wir nicht in unsere Wohnung hinein, weil dort jemand anders lebte, eine Frau mit ihrem Sohn. Wir erklärten ihr, dass das unsere Wohnung sei. Sie war ausgebombt worden und wurde, wahrscheinlich in der Annahme, dass wir nicht mehr leben würden, in unsere Wohnung eingewiesen. Was tun? Nun, durch Nachfragen beim nächsten Polizeirevier, wurde uns schließlich erklärt, wir müssten halt die Wohnung mit der Familie teilen. Doch zuerst mussten unsere Möbel, man hatte sie alle in einem Raum gelagert, wieder in die zwei Zimmer gebracht werden, die uns gehören sollten. Das sollte in etwa drei Tagen erledigt sein. Wir marschierten also weiter zu unserer Oma, der Mutter unserer Mutter. Diese wohnte in der Kastanienallee, in einem Durchgang vom 1. Hof zum 2. Hof, und lebte dort in einem kleinen Raum. Wir schliefen diese drei Tage auf der Erde, aber auch daran hatten wir uns in den insgesamt 26 Tagen unseres Marsches nach Berlin gewöhnt. Und nun sagte meine Mutter die für mein weiteres Leben wichtigen Worte: »Du meldest dich in der Schule ab und musst für uns arbeiten gehen.«

Wenn ich heute an diesen Tag zurückdenke, na, ich hätte mich sicher damals nicht eingestellt. Es war Mitte Juni, 1945. Und wo fand dieses für mich so entscheidende Ereignis statt? In Berlin, genauer gesagt im Bezirk Prenzlauer Berg. Ich fing, in Ermangelung reicher Eltern oder irgendwelcher sonstigen Reichtümer, als Bauhilfsarbeiter bei einer Firma an. Bauhilfsarbeiter hört sich vielleicht nach gut an, sagte mir aber trotzdem nichts. Gestärkt mit Neugierde fand ich mich also früh um 7.00 Uhr an der Werneuchener Straße am Friedrichshain ein. Mit mir erschienen dort so an die 300 bis 400 Frauen, fünf Männer, welche die Erreichung ihres Rentenalters sicher schon lange vergessen hatten, und noch drei kräftige, große Kerle in meinem Alter, also auch so um die 15 Jahre alt und um die 40 bis 50 kg leicht, und wenn ich mich noch richtig erinnere, hatten sie auch die gleiche luftige Kleidung an. Von den Schuhen bis zur Jacke war alles durchlöchert. Wasser hielt sich in meinen Schuhen nie. Was oben reinfloss, strömte sofort aus den Löchern in den Sohlen wieder hinaus. Da meine Strümpfe auch nur aus ein paar hartnäckigen Wollfäden bestanden, brauchte ich mir um schmutzige Füße nie Sorgen zu machen. Regenwasser in Verbindung mit Kalk- und Sandstaub, meine Füße waren weich wie ein Kinderpopo. Man musste nur in allem das Beste sehen. Nach dem Motto: Wenn du 10,- DM verlierst, freue dich, dass es keine 20,- DM waren und sei froh, dass du somit 10,- DM gewonnen hast.

Als wir also alle um den Kapo herumstanden, teilte er uns ein. Ich musste mit zirka 50 Frauen auf einen großen Schuttberg steigen. Dort bauten sich die Frauen in einer langen Reihe auf und mich in diese Reihe ein. Was kommt nun, fragte ich mich, doch da kam es schon. Es waren mörtelverpackte alte Ziegelsteine, die immer weitergegeben werden mussten. Mann, war das eine abwechslungsreiche Arbeit. Zunächst war es natürlich für einen gerade 15-Jährigen furchtbar langweilig. Doch diese Langeweile sollte mir bald vergehen. Es dauerte höchstens 20 Minuten, dann kriegte ich weder meinen Greifarm, damit musste ich immer von der vor mir stehenden Frau den Stein greifen, noch meinen Gebarm, damit musste ich der nach mir kommenden Frau den Stein geben, auch nur noch einen Zentimeter angehoben. Also verließ ich die Reihe, rutschte vom Schuttberg und setzte mich auf einen Steinstapel auf der Straße.

Als ich eine halbe Stunde so vor mich hin gesessen hatte, kam der Kapo vorbei, schaute mich an, ich schaute ihn an, und dann ging er weiter. Warum, so dachte ich bei mir, schaute der mich so an. Auf die Idee, dass ich meine 36 Pfennige Stundenlohn ja nicht fürs Sitzen erhielt, kam ich gar nicht. Wie gesagt, er ging weiter die Werneuchener Straße runter. Ich muss wohl etwas geschlafen haben, es war so kurz vor Mittag, da klopfte mir jemand zärtlich auf die Schulter. Ich fiel dabei nur leicht nach vorne, sauste hoch, wer war es? Mein Kapo. »Sag mal, mein Junge, hast du noch keine Schwielen am Ar…?«, wollte er wissen. Doch Sitzen ist ja beileibe nicht so anstrengend wie Steine-Weitergeben. »Na, ich sehe schon«, meinte er dann, »das ist wohl doch nicht das Richtige für unseren Kleinen. Komm mal mit.« Ich zuckelte hinter ihm her. Was mich auch heute noch nachdenklich stimmt, ich hatte damals nie das Gefühl, Unrecht getan zu haben. Lag das an meiner Jugend oder an meinem permanenten Hunger, der alle anderen Regungen übertönte? Ich weiß es nicht. Jedenfalls ging ich froh gestimmt mit, froh deshalb, weil ich keine Steine weiterreichen musste. Schlimmer, dachte ich mir, kann es sicher nicht kommen. Doch denken war wahrscheinlich für mich auch Glücksache. An der Ecke Elbingerstraße hielt er an. Hier musste der Schutt mit großen Schaufeln durch Siebe geschaufelt werden. Vorher jedoch mussten mit noch größeren Gabeln die größten Steine entfernt werden. Und genau so eine Gabel drückte er mir in die Hand. »Hier, mein Sohn«, sagte er väterlich, »zeige mal, was du kannst.« Ich nahm die Gabel, stellte sie auf, sie war gut zehn Zentimeter größer als ich. Na, dachte ich, das wird doch wohl nicht so schwer sein. Also probierte ich es. Ich trat sie in den Schuttberg, bis nur noch der Stiel zu sehen war, und so blieb sie dann auch, denn ich bekam sie keinen Millimeter gerückt. So sehr ich auch zog und bog, mein Gewicht reichte nicht mal aus, den Stiel zu zerbrechen. Doch irgendwann klappte es dann doch. Aber jetzt noch einmal zurück zu ersten meiner Arbeitsstelle. Es waren, wie schon gesagt, viele Frauen dort, die so genannten Berliner Trümmerfrauen, einige Rentner und vielleicht zwei oder drei Jungs in meinem Alter. Eines Tages rief mir der Polier zu, ob ich einer der Frauen helfen würde, das gefundene Bauholz nach Hause zu tragen. Ich rief vom Trümmerberg herunter, was ich dafür bekäme? Etwas zum Essen, erhielt ich als Antwort, das war in Ordnung. So half ich das erste Mal einer Trümmerfrau und schleppte ihr Holz nach Hause. Sie war um die 50

Jahre alt, ich gerade 15 Jahre. Sie stellte mir Brot und Mittagessen auf den Tisch und bat mich zu essen. Na, so ein Essen hatte ich ja viele Monate nicht mehr gesehen und ich ließ es mir schmecken. Doch als ich so ziemlich fertig war, merkte ich plötzlich, wie jemand die Sicherheitsnadel an meiner Hose, Knöpfe hatte ich keine mehr dran, vorne abnahm und dann war plötzlich eine Hand in meiner Hose. Erschrocken wollte ich aufspringen, doch da sagte sie zu mir:»Komm Junge, ich werde dir etwas zeigen, was dir sicherlich Spaß machen wird und wovon du vermutlich noch keine Ahnung hast.« Sie führte mich in das Schlafzimmer und dort raubte sie mir meine Unschuld. Als ich hinterher wieder auf der Straße stand, ging mir durch den Kopf, dass ich erst sehr gut gegessen und dann noch mein »erstes Mal« erlebt habe und beides völlig umsonst.

Am nächsten Tag auf der Baustelle fragten mich etliche Frauen, die Jungs und Rentner, wie es bei der Frau gestern gewesen sei. Ich schämte mich und sagte nur, dass das Essen sehr gut gewesen wäre. Von dem, was danach gefolgt war, erzählte ich niemandem etwas. Scheinbar sprach sich das bei den Frauen dennoch rum, jedenfalls von da ab brauchte ich mich um mein Essen von Montag bis Samstag nicht mehr zu kümmern. Viele dieser Frauen baten mich, beim Holztransport zu helfen, meistens zur Mittagspause und nach Feierabend. Mit anderen Worten: In den nächsten Monaten lernte ich die Wohnungen der meisten Trümmerfrauen kennen. Ich bekam natürlich viel zu essen und bei allen folgte danach das für mich Schönere.

In der Zeit habe ich vieles von den Frauen gelernt. Daher kann ich auch heute noch nicht unhöflich zu Frauen sein. Wir sollten froh sein, dass es sie gibt. Nach Beendigung meiner Arbeit auf dieser Baustelle und bei dieser Firma ging es an die nächste Arbeit.

Dadurch kam ich wieder nach Hause. Ich erinnere mich an das erste Mal, an dem ich nach 23.00 Uhr heimkam. Da sperrte mich meine Mutter mit meinem älteren Bruder in ein Zimmer und befahl ihm:»Schlag ihn zusammen, damit er lernt, dass er zu gehorchen hat.« Trotz heftiger Gegenwehr schlug mich mein Bruder, bis ich auf der Erde liegen blieb. Doch das dicke Ende für meine Mutter kam am nächsten Tag. Ich stellte sie vor die Wahl: Entweder gehe ich wie ein Erwachsener weiter für die ganze Familie quasi Tag und Nacht arbeiten, aber dann lebe ich auch wie ein Erwachsener, oder nicht, und dann würde ich sofort ausziehen. Denn mit dem, was ich verdiente, konnte ich alleine besser leben. Damit war alles geregelt. Am nächsten Tag kam ich wieder spät heim und keiner verlor ein Wort. Natürlich versprach ich meiner Mutter, dass ich grundsätzlich freitags normal nach Feierabend heimkomme, denn freitags gab es ja Wochenlohn. Es kam auch vor, dass ich zwei oder drei Tage überhaupt nicht zu Hause war. Übrigens, ich habe viel später meinen Bruder gefragt, warum er mich geschlagen hat. Er erklärte mir, dass er unserem Vater versprochen hatte, als Ältester die Mutter zu unterstützen und wenn sie es anordnete, auch den Vater insofern zu vertreten, dass er mich schlagen musste. So viel dazu.

Zu dem ganzen Thema Frauen nur noch so viel: Natürlich hatte ich so ab Mitte 1946 auch Freundinnen, die ungefähr in meinem Alter waren. Ich kann mich noch gut daran erinnern, so Anfang 1949 versuchte ich mal mein Glück bei meiner jetzigen Frau, sie war zu der Zeit gerade fast 17 Jahre alt. Ich lud sie in mein Stammlokal »Café Standard« ein. Sie wohnte ebenfalls in der Christburger Straße, nur zwei Häuser neben uns. Genau das war der Grund, weshalb sie mir einen Korb gab. Das heißt, sie kam zwar zum Tanzen in mein Stammlokal, doch dort gab sie mir einen Korb und ich war blamiert. Auch sonst wollte sie nichts mit mir zu tun haben. Sie sagte zu mir, dass ich so einen schlechten Ruf habe, was die Frauen beträfe, da mache sie lieber einen großen Bogen um mich. Übrigens, im August 2005 waren wir beide 48 Jahre glücklich verheiratet.

Doch ich arbeitete nicht »nur« (ist gut gesagt) auf den Baustellen, sondern ich half auch noch abends oft dem in der Christburger Straße wohnenden Kohlenhändler beim Kohlenaustragen. In Berlin gab es so genannte Briketts, die in einen Tragekasten passten, den man auf dem Rücken trug. Immer ein Zentner im Kasten, aber wer Berlin nicht kennt, kennt auch die hohen Treppen nicht. Hinzu kam noch, dass Kohlen auf Karte nach Größe der Familie freigegeben wurden. Also, je größer die Familie, desto mehr Kohlen bekamen sie laut Karte. Hinzu kam noch, dass normalerweise die billigsten Wohnungen im 4. oder 5. Stock waren. Eine sechsköpfige Familie bekam insgesamt 28 Zentner Kohle. Meine Frage lautete dann immer: Wohin mit der Kohle? Und die Antwort: Bringen Sie 20 Zentner zu uns hoch, die anderen bitte in den Keller.

Kann sich jemand vorstellen, wie sich ein 15-Jähriger, der vielleicht gerade einen Zentner wiegt, fühlt, nachdem er 20 Zentner jeweils fünf Stockwerke hoch geschleppt hat und danach noch acht Zentner in den Keller? Und das auch noch, nachdem ich ja schon den ganzen Tag auf der Baustelle gearbeitet hatte. Ich bekam damals je Zentner 50 Pfennige. Das waren immerhin 10,- Reichsmark für eine Fuhre. Doch insgesamt waren es immer drei solcher Fuhren. Das machte für die Familie ungefähr 35,- bis 40,- Reichsmark, zusätzliches Geld zum Leben. Dann hatte ich noch eine dritte Einnahmequelle. Bei uns um die Ecke in der Winsstraße gab es einen Gemüsemarkt. Dort wurde öfters des Nachts Gemüse mit großen Lkws angefahren. Es wurden Leute zum Abladen gebraucht. Da war ich auch immer dabei. Man bekam fürs Abladen immer einen großen Beutel mit Gemüse. Das war für meine Familie genauso wichtig wie das Geld.

Die Lebensmittel, die man zu der Zeit auf Lebensmittelkarten bekam, reichten nicht einmal zum Verhungern. Also, ich musste mir überlegen, was machen? Kumpels auf der Straße schlugen mir vor, jedes Wochenende aufs Land zu fahren und Kartoffeln für die Familie zu besorgen. Weder ich noch sonst jemand zu Hause hatte irgendetwas wie Kleidung oder Ähnliches zum Tauschen noch das nötige Kleingeld, um Kartoffeln zu kaufen. Da erklärten mir meine Kumpels Folgendes: Die Besatzer halten quasi jeden Tag irgendwo einen Zug an, der in Richtung Berlin fährt, und sie machten es sich dabei sehr einfach Kartoffeln umsonst zu bekommen. Es wurde ein LKW voller Soldaten zu irgendeinem Bahnhof geschickt, durch den Züge in

Richtung Berlin fuhren. Diese waren bis zu den Trittbrettern voller Menschen, die auf irgendeine Art zu Kartoffeln gekommen waren, entweder hatten sie etwas Gutes zum Tauschen gehabt oder sie arbeiteten bei der Kartoffelernte oder Ähnliches. Wenn der Zug dann anhielt, standen die Soldaten längs des Bahnsteiges und es mussten alle Menschen mit ihrem Gepäck aussteigen. Dann sollten alle ihre zum Teil schwer erworbenen Kartoffeln auf einen Platz, der ihnen von den Soldaten zugewiesen wurde, ausschütten. Danach kontrollierten die Soldaten sehr genau alle Waggons. Wenn sie versteckte Kartoffelbeutel oder Ähnliches fanden, warfen sie diese einfach aus dem Fenster. Erwischten sie jedoch Menschen, die sich versteckten, so prügelten sie diese aus dem Zug. Dabei gingen sie rücksichtslos vor. Oft blieben danach Menschen zusammengeschlagen auf dem Bahnsteig liegen.

Es war jedoch nicht so leicht für einen Ostberliner, aus Berlin-Ost hinauszukommen, er brauchte erstens eine schriftliche Genehmigung von der sowjetischen Kommandantur und zweitens brauchte er Geld, um sich eine Fahrkarte zu kaufen. Schwierig war das schon, denn ich hatte weder das eine noch das andere. Also, ich musste schwarzfahren, und das jedes Wochenende und bei jedem Wetter, aber auch das sollte doch machbar sein. Ich bekam eine Chance. Am Ostbahnhof konnte man vom S-Bahnsteig die Treppen hinunter, zirka 30 Meter durch den Tunnel laufen und dann die Treppen hinauf zur Fernbahn. Das untere Stockwerk stand zirka 40 bis 60 cm tief unter Wasser. Doch das nächste Problem kam natürlich sofort. Wenn man unten durch das Wasser an die Treppe zur Fernbahn kam, standen dort oben zwei Bahnpolizisten, die versuchten, jeden Schwarzfahrer festzunehmen und zur Bahnhofswache zu bringen. Ich musste mir also jedes Mal etwas einfallen lassen, um an diesen Deppen vorbeizukommen. Hier nur ein Beispiel: Einmal sagte ein Kumpel zu mir, er suche irgendein Abenteuer, er hatte noch beide Eltern und war der einzige Sohn und hatte Langeweile. Nun, ich erklärte ihm, wenn er mutig genug sei, dann könne er mit mir versuchen, an den beiden Polizisten vorbeizukommen. Er war sofort Feuer und Flamme. Wir mussten unter dem Bahnsteig im Wasser stehend warten, bis der Fernzug das Abfahrtssignal erhielt. Dann mussten wir die Treppe zum abfahrenden Zug hochlaufen, er wollte natürlich als Erster hochrennen und ich ließ ihn vor. Als ihn die beiden Polizisten zur Wache abführten, konnte ich ohne Probleme den bereits fahrenden Zug erreichen und aufspringen.

Natürlich fand die ganze Fahrt für mich grundsätzlich auf dem Trittbrett statt, bei jedem noch so bescheidenen Wetter. Eine Fahrt ins Blaue war das bestimmt nicht. Ich wartete vor dem Bahnhof, bis die Züge ankamen. Wenn dann Leute mit leeren Rucksäcken ausstiegen, fragte ich sie, wo die Soldaten ihnen ihre Kartoffeln abgenommen hätten und genau dorthin ging dann meine Fahrt. Das war natürlich erst der Anfang. Nach einigen Stunden Fahrt konnte ich dann beim Abspringen vom Trittbrett vor dem Bahnhof die Kartoffelberge sehen. Die ausländischen Soldaten machten es sich immer sehr einfach. Sie hatten, nachdem der jeweilige Zug weg war, einen großen Haufen Kartoffeln, der manchmal aus zwei oder drei angehaltenen Zügen erbeutet war. So, da sie zu faul waren, diesen Haufen sofort wegzuschaffen, fuhr ein Teil der Soldaten abends wieder in ihre Kasernen und drei bis vier Soldaten mussten diesen großen Haufen Kartoffeln bewachen. Sie machten sich auf dem Feld neben dem Bahngleis ein Feuer und wenn es dunkel wurde, ließen sie vermutlichen ihre Schnapsflaschen kreisen. Es patrouillierten jeweils alle Stunde ein Soldat links und ein anderer Soldat rechts um den Kartoffelberg herum. Der Berg war so hoch, dass man nicht darüber schauen konnte. Ich schlich mich vorsichtig um den großen Haufen herum, natürlich mit Abstand zu den Soldaten, bis ich so ziemlich gegenüber den Soldaten war. Nun suchte ich mir erst einmal einen Platz, versteckte mich, wo ich mich hinsetzen konnte und ab jetzt hieß es warten.

Die stündlichen Kartoffelkontrollgänge der Soldaten wurden ab Mitternacht seltener, die nächste Kontrolle war erst gegen 2.00 Uhr. Ich durfte natürlich nicht einschlafen und musste ständig wach bleiben. Die Prozedur war über fünf Jahre lang immer die Gleiche. Wenn es Abend wurde, so gegen 21.00 Uhr, entfachten die zwei oder drei Soldaten an einer Stelle ein Feuer und für ihre innere Wärme tranken sie selbst gebrannten Schnaps, dazu brauchten sie ja auch die Kartoffeln. Und dann war für mich Geduld angesagt. Meistens so gegen 3.00 Uhr morgens waren alle Wachen betrunken und eingeschlafen. Dann schlich ich mich ran, meistens auf der anderen Seite des Kartoffelhaufens, füllte meinen Rucksack und einen kleinen Sack, den ich beim Gehen quer über den Rucksack legte. Dann ging's los zum nächsten Bahnhof Richtung Berlin. Meistens musste ich etliche Stunden laufen, dann war ich erst am nächsten Bahnhof und konnte nach Hause fahren. Nun sagt es sich so einfach, mehrere Stunden bis zum nächsten Bahnhof laufen. Doch einfach war das natürlich nicht. Denn wenn ich eine kleine Pause einlegen oder meine Notdurft verrichten musste, ging das nur so: Ich lehnte mich an einen Baum neben den Schienen und das war es schon. Denn ich war viel zu schwach, den kleineren Sack über dem Rucksack abzunehmen und wieder raufzulegen. Ich habe dabei oft vor Wut geweint. Zumal ich ja wusste, dass ich in einer Woche wieder die gleiche Prozedur an irgendeinem anderen Bahnhof erleben würde.

Die Idee, den Soldaten die von ihnen gestohlenen Kartoffeln wieder zu stehlen, hatte natürlich nicht nur ich. Ich habe es mehr als einmal des Nachts erlebt, dass geschossen wurde und natürlich auch immer wieder getroffen. Es war in dieser Zeit nicht selten, dass man auf dem Rückweg auf der Straße oder Wiese Frauen oder alte Männer erschossen liegen sah. Doch die Zeit war so, um Gotteswillen, nicht den Toten näher kommen, sondern im großen Bogen herum marschieren. Die Gefahr bestand natürlich, dass irgendwo noch Soldaten lauerten. Ich zitterte oft vor Angst, dass ich auch mal erwischt und erschossen werden könnte. Aber viele hatten einfach nicht die Geduld, sechs Stunden oder mehr nachts, wenn es auch manchmal sehr kalt war, auszuharren. Ich wusste, je länger man wartete, desto größer war die Chance, ungestört Kartoffeln zu bekommen, ohne erschossen zu werden.

Übrigens, unsere Mutter wusste davon nie etwas. Vielleicht wollte sie es auch nicht wissen. Eine Mutter mit sechs Kindern, da kam man vielleicht nur durch, wenn man möglichst wenig wusste. Beispiel: Gleich nach Kriegsende, also während meiner ersten Versuche, Kartoffeln zu bekommen, hatten viele Bauern auf ihren Höfen einen starken Salzmangel. Man konnte daher mit etwas Salz ein paar Pfund Kartoffeln tauschen. Doch das dauerte höchstens ein paar Wochen, dann hatten sie für die nächsten Jahre genug Salz, aber meine Mutter gab mir noch 1949 ein paar Tüten Salz mit, mit der Bemerkung: »Bring aber bitte nicht zu wenig Kartoffeln.« Es schien mir damals leichter, einfach das Salz wegzuwerfen als ihr zu erklären, dass man und warum man dafür nichts mehr bekommt. Und da ich zu der Zeit ja nicht wissen konnte, ob und wo unser Vater noch lebte, wurde es für mich zu etwas, das ich über Jahre weiterführen musste.

Zu dieser Zeit war in Ostberlin auch die ärztliche Versorgung sehr schlecht. Entweder fanden die Leute gar keinen Arzt oder einen, der bereits in Rente war, zum Teil waren diese Ärzte über 70 Jahre alt. Meine älteste Schwester, sie wäre im Dezember 1947 14 Jahre alt geworden, erkrankte. Der Arzt, der sie einige Wochen vor ihrem Tod behandelte, war schon lange in Rente. Sein Titel war Obermedizinalrat und er hatte einen dicken, grauen Bart. Seine Diagnose war, sie habe irgendetwas am Magen. 14 Tage vor ihrem Tod brachten wir sie ins Krankenhaus und dort verstarb sie. Die Ärzte dort teilten uns mit, dass sie an TBC gestorben sei. Und jetzt noch der Hammer: Ein paar Wochen später kam ich von der Arbeit nach Hause, da saß meine Mutter auf dem Sofa und weinte. Sie zeigte mir den Grund dafür, sie hatte eine Rechnung von dem

Unsere älteste Schwester Christa,
welche am 25. 12. 1933 geboren wurde
und im August 1947 starb.

Obermedizinalrat erhalten und fragte mich, was wir denn jetzt machen sollten.

Ich nahm ihr die Rechnung aus der Hand und sagte ihr, sie solle bitte ruhig bleiben, ich würde das sofort erledigen. Dann ging ich durch die Christburger Straße hinunter in die Greifswalder Straße, wo die Praxis von diesem Arzt war. Ich ging hinein, natürlich stinksauer, schob die Sprechstundenhilfe zur Seite und marschierte dann in sein Sprechzimmer. Er hatte gerade einen Patienten und schaute mich böse an, und da legte ich ihm die Rechnung vor die Nase und sagte: »Meine Schwester, also Ihre Patientin, ist vor drei Wochen gestorben, aber nicht an Magenbeschwerden, sondern an TBC. Muss ich dazu noch irgendetwas sagen?« Er bekam einen roten Kopf und zerriss die Rechnung. Damit war dieses Problem erledigt.

Doch es gab immer wieder neue Schwierigkeiten. Als ich ein anderes Mal abends heimkam, saßen alle auf der Erde. Ich fragte: »Wo sind die Stühle?« Meine Geschwister erklärten, da sei ein älterer Mann gekommen, der hätte eine Liste mit allen, die mal in der NSDAP waren, dabei gehabt. Er wäre einfach in die Wohnung gekommen und hätte gesagte: »Hier ist ja nicht mehr viel zu holen, na, dann nehmen wir eben die Stühle mit.« Ich sagte sofort zu meinen beiden Brüdern, jeder solle sich einen Stock nehmen und mitkommen. Wir gingen hinunter auf die Straße, dort fragten wir alle, die wir trafen, ob sie einen Wagen mit Möbeln gesehen hätten und dann erfuhren wir es. Wir wohnten im Haus Nr. 9 und der Wagen ist zum Haus Nr. 6 gefahren. Wir also sofort dahin und kamen auf den Hof, der voller Möbel war. Ich fragte einen der Arbeiter: »Wo ist euer Chef?« Er zeigte ihn mir. Da sagten meine Brüder, ja, der wäre es gewesen. Ich ging zu ihm, packte ihn am Kragen, hob meinen Stock und sagte: »Rück unsere Stühle wieder raus, sonst …!« Er bekam es mit der Angst zu tun und meinte, wir sollten sie doch bitte heraussuchen, aber ihn am Leben lassen. Also suchten wir unsere Stühle heraus und gingen wieder heim.

Ein weiteres Mal kam ich vormittags wegen Baustellenwechsel kurz heim, da war meine Mutter weg. Meine Geschwister sagten, man hätte sie zur Strafarbeit abgeholt. Ich fragte, wohin, dann bat ich meine Geschwister, ruhig zu Hause zu bleiben. Ich sauste los, ging zu der genannten Baustelle, und da sah ich sie auch schon. Sie stand auf einem Trümmerberg und sortierte Steine. Ich kletterte zu ihr hoch, nahm sie bei der Hand und sagte:»Komm, wir gehen nach Hause.« Sie weinte sehr, doch da kam der Baupolier und meinte, die Frau müsse hier Strafarbeit leisten, da ihr Mann in der NSDAP gewesen wäre. Ich sagte zu ihm, diese Strafarbeit würde ich bereits auf der und der Baustelle machen und meine Mutter hätte sich zu Hause um vier Kinder zu kümmern. Da ließ er uns gehen.

1947 wechselte ich meine Arbeit. Als es mit der Baustelle zu Ende ging, fing ich beim Zirkus Barlay als Pferdepfleger an. Der Zirkus hatte seinen festen Standplatz am so genannten Exer (Danziger-Schönhauser Straße). Jeder Pferdepfleger war für vier Pferde verantwortlich. Stall ausmisten, Pferde putzen und striegeln und natürlich die Pferde bewegen. Wir hatten dort einen Oberstallmeister, bei dem wir Reiten lernten, alle Gangarten, wie hält man die Zügel, wie sitzt man im Sattel, das ganze Programm eben. Es wurde in der Zeit auch ein Film im Zirkus gedreht. Er hieß»1-2-3 Corona«.

In der Hauptrolle spielte Eva-Ingeborg Scholz. Sie musste unter anderem reiten und auch auf einem Seil laufen. Sie war sicher eine gute Schauspielerin, doch das konnte sie überhaupt nicht. Stuntfrauen erledigten diese Szenen für sie. In einer Szene war ich als Komparse dabei. Sie ritt, besser gesagt, ihre Stuntfrau ritt an der Spitze von fünf Pferden in die Manege. Der 5. Reiter war ich. Ich hatte zeitweilig sogar einen kleinen Wohnwagen als

Notunterkunft zum Übernachten. Wozu er mir noch diente, lasse ich lieber weg. Auf keinen Fall wurde bei mir, wie in manchen anderen Wagen, gepokert oder anderen Glücksspielen nachgegangen.

Die letzten Jahre in Berlin, von 1948 bis August 1949, arbeitete ich als Hilfsdachdecker. Da es, wie in fast allen Bauberufen, an Gesellen mangelte, wurde ich wie ein Geselle bezahlt. Wir waren meistens mit der Reparatur von Dächern der großen Wohnblöcke beschäftigt. Die alten Ziegel, in der Hauptsache Biberschwänze, wurden abmontiert, im Dachboden von zwei bis vier Frauen mit Spachteln geputzt, sie kratzten den alten Mörtel ab und Ähnliches. Dann wurden sie erneut verlegt. Defekte Ziegel wurden ersetzt. Jeden Tag immer nur so viele, wie wir bis zum Abend schaffen konnten, so dass das offene Stück wieder geschlossen war.

Zum Essen brachten der Altgeselle und ich immer je zwei bis vier rohe Kartoffeln mit und ich ging mit diesen vormittags in die oberste (5. oder 4.) Etage, klingelte an den Wohnungstüren und wenn einer öffnete, bat ich, uns die Kartoffeln, so, wie sie waren, abzukochen. Da passierte mir einmal ein Abenteuer anderer Art. Gerade als ich beim Klingeln war, kam eine Frau mit drei Kindern die Treppe hoch und fragte, ob ich zu ihr wolle. Sie war so ungefähr 40 Jahre alt. Ich bejahte und fragte sie wegen der Kartoffeln. Sie willigte ein und ich ging wieder aufs Dach zum Arbeiten. So ungefähr um 12.30 Uhr kam ein Junge hoch und sagte, dass der junge Mann zum Essen kommen möchte. Da die Kartoffeln jedoch von dem Altgesellen und mir waren, gingen wir beide hinunter. Sie war enttäuscht,

44

dass ich nicht allein gekommen war. So um 15.00 Uhr kam der Junge wieder hoch und bat mich zum Kaffee, alleine. »Du«, meinte da der Altgeselle, »die will was von dir.« Ich wollte das nicht glauben. Ihre ältere Tochter war so zirka 13 Jahre alt. Also nur fünf Jahre jünger als ich. Also ging ich runter. Die Frau erzählte mir, dass sie Witwe sei. Ihr Mann sei in Russland gefallen. Und so ging es weiter, am nächsten Mittag, am Nachmittag und so weiter. Die letzten Male waren die Kinder nicht da und sie versuchte, mich ins Schlafzimmer zu bugsieren. Ich wehrte sie ab, denn sie gefiel mir überhaupt nicht, und arbeiten musste ich ja auch. Doch im Laufe der nächsten Tage schaffte sie es dann doch, mich im Schlafzimmer zu vernaschen. Dann sagte sie zu mir, sie wolle mich heiraten. Ich war wie vom Donner gerührt. Sie war 40 und ich war 18 Jahre alt, und wir sollten heiraten. Doch sie wollte und bestimmte es so. Ich wusste jedoch, dass, wenn diese Baustelle erledigt war und wir irgendwo anders arbeiten mussten, ich auf keinen Fall wieder nach Lichtenberg zu dieser ehemaligen Baustelle zurückkommen würde. Doch sie drängte mir regelrecht die Kleidung ihres Mannes auf. Da ich noch nie in so einer Situation war, fragte ich unseren Altgesellen. Der riet mir: »Wenn die Sachen noch gut sind, nimm sie. Doch lass dir etwas einfallen bezüglich einer eventuellen Kaufbescheinigung.« Gesagt, getan, ich stellte ihr ein Schreiben aus, dass ich diese Kleidungsstücke kaufe. Als Kaufpreis schrieb ich einfach »Naturalien« auf. Ich erklärte ihr, dass ich sonst Schwierigkeiten mit meiner Mutter bekommen würde. Sie unterschrieb dieses Schreiben und nach zirka vier Wochen wurden wir auf eine andere Baustelle versetzt.

Ich hoffte, sie nie wieder zu sehen, aber denkste. Eines Tages kam ich von der Arbeit heim, da stand die Polizei vor der Tür. Meine Mutter weinte, sie hatte Angst, ich würde verhaftet. Ein Polizist erklärte mir, die Frau Meier hätte eine Anzeige bei der Polizei gemacht, dass ich gewisse Kleidungsstücke gestohlen hätte. Ich beruhigte meine Mutter und erklärte dem Polizisten, dass ich diese Sachen von der Frau gekauft hätte. »Können Sie das auch beweisen?«, fragt er. Ich antwortete: »Natürlich, ich habe eine Kaufbescheinigung.« Ich zeigte sie ihm. Er zeigte sie der Frau und fragte sie: »Ist das Ihre Unterschrift?« »Ja«, antwortete sie, »aber das ist doch nur pro forma wegen seiner Mutter gewesen.« Und damit war alles geklärt, denn ihre Unterschrift lag nun mal vor. Er entschuldigte sich bei mir und meiner Mutter, nahm Frau Meier bei der Hand und verließ mit ihr unsere Wohnung. Beim Hinausgehen fragte er mich, ob ich eine Anzeige machen wolle, wegen der Beschuldigung. »Nein, nein«, sagte ich, »betrachten sie die Sache als erledigt.«

So, also manchmal bekommt man mit Frauen auch Ärger. Doch Schluss mit dieser Sache in Ostberlin.

Ich kann nur so viel sagen, damals und auch später in Bayern bin ich sehr oft gefragt worden: »Wie viele Frauen hattest du denn in deinem Leben? 100 oder 500 oder mehr?« Ich antwortete immer wieder dasselbe: »Ich weiß es nicht. Ich habe sie nie gezählt, weil es mir nicht wichtig war, wie viele es gewesen sind.« Wichtig ist mir nur, dass ich kein Mal vermissen möchte. Was mir auch wichtig ist: Ich habe mich nie von irgendeinem Mädchen in Unfrieden getrennt. Es ist schon vorgekommen, dass ich das gleiche Mädchen oder die gleiche Frau Monate später wieder getroffen habe und dann passierte das Gleiche noch einmal. Ich weiß noch, auch so zwischen 1947 und 1948, wie Rudi P., ein Straßenkumpel, zu mir kam, ob ich ihm helfen könne. Seine Mutter war Schneiderin und arbeitete für russische weibliche Offiziere. Sie verpasste ihnen Maßuniformen. Mein Kumpel hatte sich mit einer dieser Russinnen eingelassen. Rudi sagte zu mir, sie lebe mit einem anderen weiblichen Offizier in einer Wohnung. Und immer, wenn er mit ihr ins Schlafzimmer gehen wolle, käme die andere auch mit. Nun hätten ihm die beiden gesagt, er solle doch noch einen Jungen mitbringen. Ob ich da mitmachen würde. Natürlich, meine Frage lautete: »Was bekomme ich denn dafür?« Er sagte, was ich möchte. Nun, aus seinen Erzählungen wusste ich, dass sie vorher immer den Tisch deckten, dann lagen die schönsten Sachen zum Essen dort, die man sich denken konnte. Ich fragte ihn, ob ich eine Tasche mitbringen dürfe und nach dem Essen, aber noch vor dem Schlafzimmer, den kompletten Tisch abräumen und mitnehmen könne. Er erklärte mir, das müsse er erst fragen. Am nächsten Tag sagte er, es ginge in Ordnung. Also, ich am Abend mit ihm dorthin. Der Tisch war gedeckt, aber nicht für vier Personen, sondern mindestens für acht bis zehn Leute. Wir aßen, dann nahm ich meine Tasche und räumte den kompletten Tisch ab, erst dann ging es ins Schlafzimmer.

Als ich mit den Lebensmitteln nach Hause kam, fragte meine Mutter: »Um Gottes Willen, du hast doch nicht etwa gestohlen?« Ich beruhigte sie und meinte: »Mama, dafür habe ich ehrlich gearbeitet.« Doch leider ging das sehr schnell vorbei und vor allem um die Lebensmittel war es schade. Bereits drei Wochen später erzählte mir der Kumpel, die beiden seien wahrscheinlich von männlichen Kollegen im Haus gemeldet worden und wären weit weg versetzt worden. Wenn man mal von den leckeren Sachen zum Essen absieht, ich hatte in solchen Wohnungen nie ein gutes Gefühl und war eigentlich ganz froh, dass es zu Ende war.

Übrigens, zu der Frage, wo wohnten die Besatzer? Auch das war außerhalb von Berlin kaum bekannt. Gleich 1945 nach der Besetzung suchten sich die Soldaten in Berlin-Ost Straßen, die nicht sehr lang und nicht von Bomben beschädigt waren. Ein oder zwei LKWs mit Soldaten, je nach Länge der Straße, hielten an beiden Seiten der Straße. Sie gingen dann Hauseingang für Eingang und Wohnung für Wohnung ab, teilten den Mietern mit, dass sie binnen einer Stunde ihre Wohnung zu verlassen hätten. Sie dürften nur das mitnehmen, was sie tragen könnten. Nach einer Stunde kamen sie wieder und trieben die Mieter aus ihren Wohnungen, egal, ob mit Kindern oder ohne. Wenn dann Kinder weinend die Wohnungen verließen, lachten sie darüber. Und nach einer Stunde zogen dann die Offiziere dort ein, sowohl männliche als auch weibliche, natürlich getrennt. Als wir 1949 nach Bayern kamen, war dies für uns eine völlig andere Welt. Erstens gab es hier genug zu essen. Doch auch sonst war es für einen Berliner schon eine Umstellung. Sie begann mit der Sprache. Anfangs hatten wir Schwierigkeiten, alles zu verstehen. Aber mit der Zeit ging es. Ich bin später sehr oft gefragt worden: »Warst du nun ein Wessi oder ein Ossi?« Abgesehen davon, dass ich immer gegen diese Bezeichnung war, erklärte ich das. Wir lebten, wie schon geschildert, bis 1949 in Ostberlin im Bezirk Prenzlauer Berg. Dann erfuhren wir, dass unser Vater erstens noch lebte und zweitens in Bayern lebte. Da machten wir uns auf, dort hinzuziehen.

Apropos unser Vater: In den Kinderjahren hatten wir nicht viel von ihm. Zum Anfang verbrachte er als Lehrer immer sehr viel Zeit in der Schule. Diese Schule wurde bereits 1940 in die Slowakei verlegt, mein Vater ging mit. Dann waren wir in so genannten KLV-Lagern, Kinderlandverschickungslagern, und zirka 1942 wurde er eingezogen. Wir sahen uns erst 1949 in Bayern wieder, da war ich bereits 19 Jahre alt. Doch eines wusste ich von ihm: Sein größtes Hobby war die Ahnenforschung. Nachdem unsere Eltern verstarben und wir die Wohnung ausräumen mussten, entdeckte ich im Schreibtisch meines Vaters viele Unterlagen über unsere Ahnen. Hier nur drei Auszüge davon: Unser ältester, überlieferte Ahne wurde im Jahr 1708 geboren. Wenn man davon ausgeht, dass seine Eltern zu der Zeit mindestens 21 Jahre alt sein mussten, so hätten sie zwischen 1685 und 1687 geboren sein müssen.

Die merkwürdigste Urkunde war ein Taufschein von 1796, da wurde ein Vorfahre von mir getauft, bei der Zeremonie waren alle drei Taufpaten regierende Fürsten: *Der regierende Herzog von Mecklenburg-Strelitz, ein*

Herzog von Mecklenburg, die Frau Landgräfin von Hessen-Darmstadt und Gräfin von Leiningen. Hinzu kam, der getaufte Junge erhielt den Vornamen Karl-Ludwig Ernst. Karl-Ludwig hieß auch der regierende Herzog von Mecklenburg-Strelitz, und Ernst hieß der Herzog von Mecklenburg.

Die merkwürdigste Urkunde
vom 26. August 1796.

Und zu guter Letzt der Militärpass des Herrn Friedrich Gustav B., der nach dem Militär Polizist in Berlin war (s. Bild nächste Seite).

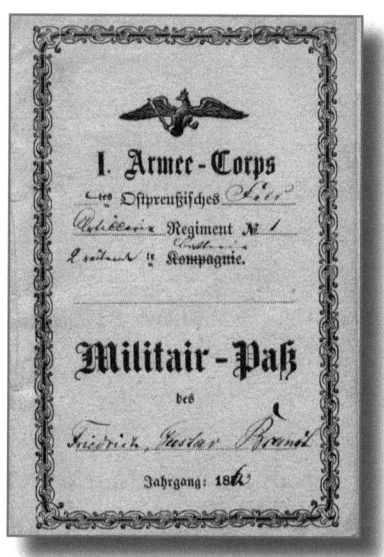

Militärpass von 1862.

Zuerst Soldat,
dann Polizist in Berlin.

Unsere Reise nach Bayern: Wir fuhren mit der S-Bahn nach Gatow zum Flugplatz und flogen dann mit den letzten Flugzeugen, die die Bürger Westberlins über die so genannte Luftbrücke zum Beispiel mit Lebensmitteln versorgten, nach Hamburg, und von dort fuhren wir mit Fahrkarten der Bahnhofsmission nach Ingolstadt-Hauptbahnhof. Von dort machten wir uns zu Fuß auf und liefen bis Spitalhof. Als wir dort ankamen, begrüßte uns unser Vater. Unsere Mutter sagte zu ihm:»Dass du uns hier lebend siehst, musst du deinem Sohn Peter danken.« Wir waren noch fünf Kinder. Zuletzt hatte ich in Ostberlin als Hilfsdachdecker gearbeitet und fand natürlich sofort eine Arbeit in Ingolstadt. Vor Weihnachten wurde ich ausgestellt und war das erste Mal in meinem relativ kurzen Leben arbeitslos.

Bereits 1950, im Frühjahr, erhielt ich eine Lehrstelle als Elektriker. Zu der Zeit boxte ich in einem Sportverein in Ingolstadt. Mein Lehrmeister ließ sich Zeit mit der Ausstellung des Lehrvertrages. Mein Vater schimpfte jeden Tag mit mir, denn wenn er den Lehrvertrag vorlegen konnte, erhielt er Kindergeld (er war Beamter). Nach sieben Monaten war es mir und meinem Vater und wahrscheinlich auch dem Lehrmeister zu viel. Er erklärte mir, er sei beim Ausfüllen des Lehrvertrages, dort müsse er hineinschreiben, wie viel Geld er mir zahlt. Er sagte:»Ich kann dir nur 9,- DM je Woche zahlen, müsste aber 25,- DM zahlen, da du schon über 18 Jahre bist.« (Ich glaube, das waren die Summen, ist ja schon lange her.) Ich sagte zu ihm:»Wie viel Sie mir zahlen, ist mir egal, ich kann weder von 9,- noch von 25,- DM leben, aber was Sie zahlen, kommt in den Lehrvertrag hinein.« Da holte er aus und wollte mir eine schmieren. Doch ich blockte ihn ab und verpasste ihm einen Kinnhacken. Das war eine reine Reflexhandlung. Er flog über den Schreibtisch und ich war sofort gefeuert.

Tja, wie ging es weiter? Da er mir laut Gesetz innerhalb von sechs Monaten einen Lehrvertrag ausstellen oder mich hätte entlassen müssen, erfand er eine Geschichte, die er dem Arbeitsamt mitteilte. Dort wurde mir gesagt, dass für mich keine Arbeit da wäre, aber wenn ich unbedingt arbeiten wolle, im Ruhrgebiet würden Neubergleute gesucht. Natürlich wollte ich Arbeit haben und so bekam ich eine Zuweisung nach Duisburg-Ruhrort.

Die Zeche in Duisberg-Beckerwerth,
in der ich 1950 als Neu-Bergmann arbeitete.

Bis München erhielt ich eine Freikarte und dort warteten zwei komplette Züge mit jungen, arbeitslosen Männern aus Bayern, und so fuhren wir in das Kohle-Revier. Natürlich fand vorher in Ingolstadt eine ärztliche Untersuchung

Erstes Foto nach unserer Ankunft
in Bayern 1950.

statt. Ich kam mit etlichen anderen nach Beckerwerth in Duisburg. Wir kamen dort in ein Lager, das von einem Drahtzaun umgeben war. Auf diesem Gelände standen jede Menge Holzbaracken. Ich wurde mit drei anderen in einer dieser Baracken untergebracht, mit ihnen war ich auch die ersten 14 Tage im Lehrrevier. Dort wurde uns die richtige Arbeitsweise für den Abbau von Kohle unter Tage, in zirka 500 Meter Tiefe, beigebracht. Wir hatten einen Aufenthaltsraum, einen Schlafraum mit vier Betten, eine kleinere Kammer mit Metallschränken sowie eine Toilette mit kleinem Fenster und einen Duschraum mit zwei Duschen. Des Weiteren gab es einen Gemeinschaftssaal für das Lager, in dem auch für uns jeden Morgen die Möglichkeit bestand, unsere Kaffeeflaschen aus Blech mit Kaffee zu füllen. Nach ein paar Tagen fragte mich einer der drei Bayern, ob ich ihm helfen könnte. Er wollte seiner Freundin einen Brief schreiben, aber er hatte noch nie an sie geschrieben und konnte auch gar nicht schreiben. Sie hatten immer im gleichen Ort gelebt. Er war laut seiner Aussage Helfer auf einem Bauernhof gewesen, aber er wollte mehr Geld verdienen als die paar Pfennige, die er dort bekommen hat. Er erklärte mir das so: Erstens habe er bei dem Bauern gewohnt und wurde zweitens auch dort verpflegt. Was er an Geld dazu erhielt, war nur ein Taschengeld. Er sagte mir, was ich schreiben sollte und ich schrieb ihm dann seinen Brief und nach ein paar Tagen war ich der Schreiber für alle drei Zimmerkollegen. Sie waren alle große kräftige Bauernburschen und irgendwann kam der Tag, an dem ich sie brauchte.

Meine einzige Schwäche waren Frauen und da bekam ich des Öfteren in den Lokalen im Beeck so viel Ärger, dass ich froh war, die drei kräftigen Jungens dabei zu haben. Sie waren meine Leibwache. Doch irgendwann wollten sie auch etwas mit dem anderen Geschlecht anfangen, aber sie sprachen richtig derbes Bayerisch und so bekamen sie sehr schlecht Kontakt. Also machten wir aus, dass ich ihnen drei Mädels besorgte, natürlich nicht für Geld, die heiß auf so kräftige Burschen waren. Bei der Pforte durften jedoch keine Frauen durch. Wir machten also eines Abends einen Termin aus, an einer Stelle am Zaun, so gegen 22.00 Uhr. Ich brachte drei Bräute an den Zaun und dann fuhr ich mit der Straßenbahn wieder in meine Stammkneipe. Ich hatte am nächsten Tag Spätschicht, fing also um 14.00 Uhr mit der Arbeit an und kam so gegen 5.30 Uhr ins Lager zurück. Die drei Bayern waren glücklich. Alle hatten sich mit ihrem Mädel für einen neuen Treff verabredet.

Als nächstes erfuhr ich, dass für die Nachtschicht dringend Neubergleute gesucht wurden. Ich überlegte: Wo geht man abends hin, natürlich in die Kneipe und dort gibt man Geld aus, ist zur Frühschicht, Beginn 6.00 Uhr, nie ausgeschlafen, aus der Kneipe kommt man so gegen 23.00 Uhr heim, um gegen 5.00 Uhr wieder aufzustehen. Des Weiteren hatte ich das Glück, dass ich auch am Tage problemlos schlafen konnte. Also, gesagt, getan, ich meldete mich freiwillig zur Nachtschicht. Das bedeutete, nicht mehr um 5.00 Uhr aufstehen, etwas essen, in den Pütt laufen, der gleich nebenan war, und dort meine Marke von der Wandtafel nehmen.

Jeder, der unter Tage einfuhr, musste eine Marke mit einer bestimmten Nummer mitnehmen, dann in die Kaue (Umkleide und Waschraum) gehen, seine Arbeitskleidung einschließlich Helm von der Decke herunterholen, beides befand sich an einem Seil, das über mehrere Rollen lief und über der Sitzbank an der Wand angekettet war. Die Nummer, die man auf der Marke hatte, stand auch am Schloss.

Wenn man seine Zivilkleidung auf den Haken gehängt hatte, konnte man den Haken wieder hochziehen und mit dem Schloss absperren. Dann musste man aus der Kaue einen Gang entlang gehen und vor dem Aufzug die Marken auf Tafeln hängen. So wusste man immer in der Betriebsleitung, wer noch unter Tage war. Denn wenn man zum Feierabend mit dem Aufzug wieder aus dem Schacht hochkam, musste man seine Marke wieder mitnehmen und sie wieder an eine Tafel hängen. Meine Nummer war 1376. So wurden wir auch unter Tage angeredet. Es gab keinen Herr Meier oder Müller oder so, sondern nur Nummer soundso.

Nun vielleicht noch ein paar Worte zum Lehrrevier: Das war ein Kohlestreb, auf dem die linke Seite Kohle war, in der Mitte war ein Laufband und die rechte Seite war der Laufweg. Der Arbeitsablauf innerhalb von 24 Stunden war wie folgt: Frühschicht: Die Kohle, die sich links vom Transportband in Bandlaufrichtung befand, musste abgebaut werden, auf zirka 1,5 Metern der gesamten Länge des Strebes. Dann wurde in der Spätschicht das Transportband umgelegt nach links und der rechte Weg folgte um diese 1,5 Meter auch nach links. Die Nachtschicht musste dann die rechte Seite mit Sand und anderem auffüllen.

So, nun weiter zu unserer Arbeit. Wir hatten einen so genannten Obersteiger, der für uns zuständig war. Dieser schikanierte uns laufend. Er betrog uns zum Teil um unser Geld, indem er Einzelnen weniger Kohleabbau gutschrieb, als sie tatsächlich geschafft hatten. Natürlich hatte auch ich viel Ärger mit ihm. Doch eines Tages war sein Maß bei mir voll. Wir mussten zwei so genannte Baue Kohle abbauen, jeder von uns. Das schaute so aus: zweimal 1 Meter breit und 1,80 m hoch und 1,50 m tief. Wir fingen um 6.00 Uhr früh an und um 10.00 Uhr war dubbeln (Brotzeit). Da wurde am Pressluftrohr, das durch den ganzen Streb lief und an das wir unsere Presslufthämmer anschließen mussten, mit einer Schaufel gekloppt und dann konnte man Pause machen. Ich hatte einen guten Lauf und dachte, arbeite ruhig weiter, bis deine zwei Baue raus sind und dann machst du Pause. Gesagt, getan, ich arbeitete durch bis 12.30 Uhr, dann hatte ich alles raus. Ich setzte mich und machte Pause, da kam dieser Steiger vorbei und rief über das Band:»1376, arbeiten und nicht faulenzen!« Ich antwortete:»Bin schon fertig, meine Kohle ist schon raus!«, und deutete hinter mich. Da rief er:»Da war doch gar keine Kohle drin, 1376!« Anscheinend sah mir der Obersteiger meine grenzenlose Wut an, denn als ich aufsprang und übers Band hechtete, lief er weg. Ich hinterher und ein anderer Kumpel warf dem Steiger einen Kohlebrocken vor die Füße, so dass er hinfiel. Dann bekam er seine längst fällige Abreibung von mir. Am nächsten Morgen musste ich zum Betriebsleiter, dieser teilte mir mit, dass ich drei Tage Arbeitsverbot hätte. Ich erklärte ihm alles und erfuhr dann ein paar Tage später, dass sie diesen Obersteiger in einen anderen Betrieb versetzt hatten. Ich kam jedoch nach drei Tagen in ein Strafrevier. Die Kohle war nur 50 bis 60 cm dick und man musste acht Stunden auf dem Bauch liegend mit dem Presslufthammer und der Schaufel arbeiten. Die Kumpels dort fragten mich, wie lange ich im Knast war. Sie staunten, dass ich damit nicht dienen konnte. Das heißt, ich war der einzige dort, der nicht vorbestraft war. Des Weiteren war ich der einzige, der in seiner Kaffeeflasche nur schwarzen Tee hatte und keinen Schnaps. Na, dachte ich, hier bleibst du sicher nicht lange. Ich versuchte in den nächsten Wochen, was ich konnte. Endlich hatte ich die Lösung: Man wird so krank, dass man keine Arbeit auf dem Bauch mehr verrichten kann. So bekam ich dermaßen starke Bauchschmerzen, dass ich zum Betriebsarzt geschickt wurde und dieser stellte eine Entzündung fest. Ergo, ärztliches Verbot, diese Arbeit weiterzuführen. Dann meldete ich mich gesund und gleichzeitig bekam ich endlich eine Stelle in der Nachtschicht. Gesagt, getan, ich war in der Nachtschicht und da blieb ich bis zirka Januar 1951, dann ging es wieder zurück nach Bayern.

Dort bekam ich ziemlich bald durch einen Berufsschullehrer eine Lehrstelle als Elektriker. Er war mit dem Lehrwart für Elektrotechnik, einem Meister, befreundet. Ich nahm natürlich sofort an und begann zum zweiten Mal eine Lehre. Da ich bereits über 18 Jahre alt war, war ich zwar nicht mehr berufsschulpflichtig, aber da riet mir der Berufsschullehrer, ich solle wenigstens ein Jahr freiwillig die Berufsschule besuchen, damit ich ungefähr wüsste, was in der Gesellenprüfung auf mich zukäme. Natürlich nahm ich das Angebot an und ging ein Jahr freiwillig in die Berufsschule in Ingolstadt.

Die Gesellenprüfung sollte erst ein weiteres Jahr später sein, aber so konnte ich mich etwas auf die fachlichen Fragen vorbereiten. Ich gab mir natürlich große Mühe, hatte zum Anfang wirklich Probleme, zum Beispiel in Mathematik, doch als das Jahr im Juli 1952 zu Ende war, erhielt ich ein

Schüler der Berufsschule Ingolstadt bei einem Schulausflug.
Ich bin der 2. von links stehend.

Zwischenzeugnis und ein weiteres halbes Jahr später ein provisorisches Entlass-Zeugnis. Ich staunte nicht schlecht. Im Zwischenzeugnis und im provisorischen Entlass-Zeugnis hatte ich einen Notendurchschnitt von 1,0. Mein Vater sagte dazu nur, die Noten in den einzelnen Fächern glaube er mir, doch dass ich in Betragen auch eine 1 hätte, könne er sich einfach nicht vorstellen.

Ich arbeitete danach mehr oder weniger regelmäßig bei verschiedenen Elektrobetrieben in Ingolstadt. Doch nun kam schon wieder ein Problem. Immer, wenn eine Baustelle beendet war, musste der jeweilige Meister ein bis zwei Leute ausstellen. Ein Meister erklärte mir das wie folgt: »Diese Baustelle ist erledigt. Bis zum nächsten größeren Auftrag muss ich ein bis zwei Monteure ausstellen, aber ich kann ja schlecht einen Familienvater mit mehreren Kindern entlassen. Du lebst ja bei deinen Eltern zu Hause und die Familie kommt durch deine Entlassung nicht in Not.« So ging es dann die nächsten Jahre weiter, doch ich wollte weiterkommen. Von meinem Vater konnte ich mit keiner Mark rechnen, er hatte ja noch vier Kinder zu versorgen. Ich hatte mir schon bezüglich meiner Zukunft einen Plan gemacht. Zuerst brauchte ich eine sichere Arbeitsstelle. Dann zwei Jahre Volkshochschule, um noch viel nachzuholen und dann eventuell studieren.

Im Sommer 1954 war ich mit dem Motorrad allein in Berlin bei meinen alten Kumpels und da kamen wir eben auf diese Fragen. Da sagten meine Kumpels: »Mensch, Peter, komm doch einfach hierher, hier hast du sofort eine feste Arbeit, eine Volkshochschule gibt es hier auch und wenn du nach ein paar Jahren die Aufnahmeprüfung schaffst, kannst du auch studieren.« Ich fuhr wieder nach Bayern zurück, überlegte eine Zeit lang und dann packte ich im Oktober 1954 einfach einen Koffer, setzte mich auf mein Motorrad und fuhr bei Nacht und Nebel nach Berlin-Ost. Dort angekommen, musste ich als Bürger der BRD erst in ein Durchgangslager. Dort mussten wir alle zu diversen Vernehmungen. Vor allem wollte man wissen, aus welchen Gründen man in die DDR wollte. Ich hatte ein ganz bestimmtes Ziel vor Augen, wollte nach bestandener Schule und Studium wieder zurück nach Bayern. Ich erzählte also grundsätzlich, egal, wer fragte, dass ich die Schnauze voll habe, dauernd arbeitslos zu sein und dass ich während meiner Besuche erfahren hätte, dass es in der DDR keine Arbeitslosigkeit gäbe. Nach einigen Tagen der Untersuchungen wurden wir hineingelassen in die DDR. Natürlich bekam ich anfangs keine Superarbeit. Ich fing im Glaswerk Stralau (Bahnhof Treptow) als Betriebselektriker an. Es war eine sehr schmutzige und schwere Arbeit. Dort wurden Flaschen aus Glas hergestellt, unter anderem auch Bierflaschen. Man machte mich gleich zum FDJ-Sekretär, ehrenamtlich. Irgendwann erfuhr ich, dass man, wenn man 26 Jahre alt wird und nicht vorher aus der FDJ austritt, automatisch in die SED übernommen wird. Na, das wollte ich ja ganz sicher nicht. Doch wenn man aufpasste, erfuhr man da sicher auch Sachen, die unter Umständen hilfreich und interessant sein könnten.

Wir hatten dort in der Elektrowerkstatt einen Jungen, er war gerade erst Geselle und überaus klug. Ich versuchte, mit ihm ins Gespräch zu kommen. Natürlich wollte er gerne mehr aus seinem Leben machen. Ich bot ihm Folgendes an: »Du trittst in die FDJ ein, dann melde ich dich bei der ABF (Arbeiter- und Bauernfakultät) an.« Dort konnten junge Leute, die aus verschiedenen Gründen kein Abi hatten, nachträglich ihr Abi machen, wenn sie in irgendeiner Art politisch tätig waren. Ich musste ihn wochenlang überreden, in die FDJ einzutreten. Ich sagte, wenn du, kurz bevor du 26 Jahre alt wirst, aus der FDJ austrittst, dann hast du ein Studium hinter dir und auch die Politik.

Gesagt, getan, ich war sogar bei seiner Aufnahmeprüfung dabei. Um zum Schluss zu kommen: Er machte sein Abi, studierte danach an der TU in Dresden Elektrotechnik und machte seinen Diplomingenieur. Einige Wochen nach seinem Studium besuchte er mich in Treptow zu Hause und bedankte sich sehr, dass ich ihn damals überredet hatte. Er hat es auch genauso gemacht, wie ich ihm geraten hatte. Das heißt, er trat mit 25 Jahren aus der FDJ aus und brauchte danach auch nicht in die SED einzutreten. Er arbeitet seit der Einheit in einem wissenschaftlichen Institut in Westberlin. Und ich half noch mehreren Elektrikern, vom Glaswerk Stralau wegzukommen. Ich selbst ging 1955 von dort fort und fing in der DAdW in Berlin-Buch an, dort wurden dringend gute Elektriker gesucht. Insgesamt habe ich noch drei ehemalige Kollegen nach Buch geholt. Dort war die Arbeit erstens sehr viel sauberer und zweitens auch nicht so schwer.

Ach, da fällt mir noch etwas vom Glaswerk Stralau ein: Unser Betrieb lag direkt neben einer Brauerei und aufgrund der großen Hitze im Betrieb, das flüssige Glas war so heiß, dass im Kellergeschoss unter der Flüssigglaswanne der Beton noch so heiß war, dass kaltes Wasser, an die Kellerdecke geschüttet, sofort zischend verschwand, gab es viele durstige Biertrinker unter den Beschäftigten. Ich hatte, obwohl ich mir aus Bier nicht viel machte, für die anderen eine Idee. Nach Feierabend sprach ich einen der Elektriker der Bierbrauer an und machte, natürlich heimlich, am nächsten Tag alles fest. Wir überspannten die höchstens zwei Meter Entfernung mit einem Seil, an das wir einen Korb hängten. Die Idee war ganz einfach: Die Arbeiter in der Brauerei kostete das Bier nichts und uns kosteten die Flaschen nichts. Wir schickten also schöne, neue Flaschen rüber und die anderen volle Bierflaschen zurück, genau genommen: wir zirka 40 Flaschen leer hin und sie 20 Flaschen voll zurück. Es lief eine ganze Zeit so. Ich selbst kümmerte mich natürlich danach nicht mehr um diese Sache. Erst als ich weg vom Glaswerk war, erfuhr ich, dass einige übertrieben hatten, dabei erwischt wurden und dann war der Tausch zu Ende. Was ich auf alle Fälle konnte und was mir viel Spaß machte, war Tanzen. Das habe ich auch von den Frauen gelernt, damals war ich 15, 16 Jahre alt. Und wenn ich in der Zeit von 1949 bis 1954 in Bayern jeden Samstag und Sonntag tanzen ging, hatte ich gegenüber meinen damaligen bayerischen Kumpels zwei Vorteile: Erstens konnte ich tanzen und zweitens, wenn ich in der Pause oder zum Schluss mit einem Mädchen den Saal verließ, wollten alle hinterher oder am nächsten Tag wissen, wie sie war. Grundsätzlich antwortete ich, dass ich einen flüchtigen Kuss vor der Haustür bekommen und sie mich dann stehengelassen hätte. Jedes Mal wurde ich ausgelacht, doch das war mir nicht wichtig. Schließlich ging es keinen etwas an. Ich glaube, das sprach sich nach und nach auch bei den Mädchen rum. Denn in Bayern, vor allem auf dem Lande, war es damals noch so, dass ein Mädchen, das sich in einer Woche mit zwei Jungen traf und auch nach Hause bringen ließ, als »Matz« galt. Doch ich hatte es so von Frauen gelernt und daher war mir die Meinung meiner Kumpels nicht so wichtig wie die Meinung der Mädchen.

Ich erinnere mich, 1947, wir lebten noch in Ostberlin, an meinen 17. Geburtstag, damals war ich in Neukölln bei einem Dauertanzturnier, das von den amerikanischen

Soldaten veranstaltet wurde. Ich glaube, es war in der Hasenheide. Jeder Tänzer hatte zwei bis drei Partnerinnen, von denen immer zwei schlafen konnten, mit dem Kopf auf dem Tisch, mit einer tanzte ich. Immer drei Tänze, dann kurze Pause, dann drei Tänze und so weiter. Der Anreiz für mich war dabei, solange man im Wettbewerb war, konnte man kostenlos essen und trinken, soviel man wollte. Ich wurde mit 84 Stunden Dritter, und das mit 17 Jahren. Mein Stammlokal war zu der Zeit das Café Standard. Dort gab es ein Trio mit Gitarre, Schlagzeug und Piano, das super Musik machte. Das Café Standard lag am Friedrichshain, an der Außenmauer, und war immer gut besucht. Doch eines Tages war es der Stasi oder der Partei wohl zu gut. Über Nacht wurde es geschlossen. Wir Stammgäste erfuhren dann über vier Ecken, wie es dazu gekommen war. Ein ehemaliger Stammgast gab eines Tages dem Wirt ein Päckchen mit der Bitte, es für X oder Y aufzuheben. 20 Minuten später war die Kripo da, machte eine Durchsuchung, fand das Päckchen, und was war drin? Zirka 20 bis 30 Exemplare einer Westberliner Zeitung, die regelmäßig über die »östlichen Herrscher« berichtete. Ich glaube, es war der Telegraf.

Doch zum Glück gab es erstens noch andere Lokale und zweitens Menschen, die sich um Stasi oder SED nicht kümmerten.

Nur einmal in meinem Leben verstieß ich gegen die Regeln, die ich mir in Bezug zum anderen Geschlecht gemacht hatte, auch das war noch in Ostberlin und passierte mir ebenfalls im Café Standard. Ich erinnere mich, wir saßen wie immer am Stammtisch, da fing einer von unserer Truppe damit an: Wer schafft es, von Montag bis Sonntag jeden Tag ein anderes Mädchen abzuschleppen, also sieben Mädchen in einer Woche? Ich Idiot ließ mich dazu überreden, da mitzumachen. Doch meine Strafe erhielt ich prompt. Also, es wurde Folgendes vereinbart: Montag, Name des Mädchens, Wohnung, alles, ja oder nein, das sieben Tage hintereinander. Es musste Buch geführt werden. Ich erzählte meinen lieben Kumpels, dass ich am Sonntag ein Treffen vor dem Kino bei uns, Christburger Ecke Prenzlauer Allee, hatte, und was machten sie? Als ich auf der Tanzfläche beim Tanzen war, schrieben sie die anderen sechs Adressen ab und bestellten in meinem Auftrag alle sechs Mädchen zu diesem Kino, ohne dass ich davon wusste. Doch das war noch nicht alles. Ich Idiot erzählte von der Wette auch noch meinen Geschwistern und unserer Mutter. Ihre Reaktion: »Hoffentlich kriegst du mal richtig Prügel von den Mädchen.« Es regnete an diesem Sonntag etwas. Doch ich sauste los zur Ecke, die Christburger Straße hoch zur Prenzlauer Allee, meine Mutter und meine Geschwister sahen mir vom Balkon aus nach. Als ich kurz vor der Ecke war, dort stand eine Litfasssäule, kam das Mädchen um die Ecke, mit der ich an diesem Tag verabredet war. Ich begrüßte sie, wie es sich gehört, da hörte ich hinter mir ein Mädchen sagen: »Das gibt es doch nicht, mich hierher zu bestellen und dann eine andere knutschen.« Ich war wie vom Donner gerührt. Doch dann kamen noch zwei andere Mädchen um die Ecke, sahen mich und schlugen sofort mit ihren Regenschirmen auf mich ein. Bevor ich reagieren konnte, war ich von sieben

Mädchen umgeben, die mit ihren Schirmen auf mich einschlugen. Mir blieb nur die Flucht, aber auch die Mädchen konnten laufen. Meine ganze Familie schaute vom Balkon aus zu, wie ich geschlagen wurde und die Straße herunter lief. Der Höhepunkt war, dass sie auch noch Beifall klatschten. So, das war wirklich das erste und auch das letzte Mal, an dem ich so einen Blödsinn gemacht hatte. Aber: Nobody is perfect.

Übrigens, um auf das Tanzen zurückzukommen, ich habe zwar nie eine Tanzschule besucht, aber es lag mir wohl im Blut. 1952, damals noch in Ingolstadt, trat ich einem Tanzclub bei. Das Turniertanzen musste ich natürlich lernen, aber ich begriff es ziemlich schnell. Bis 1954, also bis zu meiner Rückkehr nach Berlin, nahm ich an diversen Turnieren in verschiedenen Städten in Süddeutschland teil, von Stuttgart über Ulm, München, Nürnberg und natürlich in Ingolstadt. Hier absolvierte ich übrigens 1954 mein letztes Turnier um die bayerische Meisterschaft und wurde Dritter und damals Bester aus Ingolstadt. Das war ein Sport, der mich schon begeisterte.

Das Foto auf der nächsten Seite zeigt die Deutsche Meisterschaft in Kassel.

Deutsche Meisterschaft 1953 in Kassel.

Selbstverständlich tanzte ich auch mit meiner Verlobten, die dann später meine Ehefrau wurde.

Doch bezüglich Sport: Ich war ab 1949 Mitglied im größten Sportverein von Ingolstadt. Ich machte, fast gleichzeitig, in der Leichtathletik, beim Tischtennis, beim Faustball und im Boxverein mit. In der Leichtathletik lief ich 400 Meter. Zu der Zeit liefen wir noch auf Aschenbahnen. Jeder Starter hatte, falls wir woanders starteten, einen alten Löffel für die Startlöcher mit. Ich lief damals die schnellste Zeit für Ingolstadt. Natürlich wussten wir, dass der deutsche Rekord, aufgestellt von Rudolf Harbig, auf 46,6 Sekunden stand. Ich war zu der Zeit ja nur der Schnellste in Ingolstadt, einer kleinen Stadt in Oberbayern.

Mit meiner Tanzpartnerin.

Mit meiner (damals noch)
Verlobten.

Beim Faustball, meiner Meinung nach die Vorstufe des heutigen Volleyballs, spielten eine meiner Schwestern und ich, weil mein Vater diesen Sport lange Jahre betrieben hatte. Er war sogar schon im Finale der Deutschen Meisterschaft, das war damals, vor dem 2. Weltkrieg. Des Weiteren spielte ich Tischtennis oder, besser gesagt, ich

400-Meter-Lauf Anfang 1950
beim MTV Ingolstadt.

lernte es in Ingolstadt. Mein älterer Bruder war im gleichen Verein beim Handball, mein jüngerer Bruder beim Fußball in der Jugendmannschaft. Kurz gesagt, wir waren eine sportliche Familie. Was mir relativ leicht fiel, war das Erlernen anderer Sprachen. Ich kann mich noch erinnern, als ich 1940 die Oberschule begann, hatten wir sofort Englischunterricht. In dieser Oberschule hatten wir überwiegend pensionierte Lehrer, da es ja Kriegszeit war und daher alle jüngeren Lehrer Soldaten waren. Einer dieser alten Professoren sagte eines Tages zu mir: »Weißt du, du machst natürlich noch viele Fehler, aber wenn du sprichst, hört man nicht, dass du ein Deutscher bist.« Ich wusste damals nicht, ob das eine Beleidigung oder ein Lob war. Der Professor war in seinen jungen Jahren lange Zeit in England gewesen, das hatte er uns zumindest erzählt. Erst viele Jahre später fiel es mir wieder ein. Denn als wir 1949 nach Bayern kamen, noch dazu auf ein Dorf, befanden wir uns, was das Sprechen und Verstehen der bayerischen Sprache anging, im Ausland. Ich erinnere mich noch, als ich jeden Morgen mit dem Fahrrad zur Arbeit in die Stadt fuhr, sprach ich laut vor mich hin. Ich versuchte die bayerische Sprache nachzusprechen. Es ging ganz gut bei mir. Nach einem Jahre konnte ich so gut bayerisch sprechen, dass Fremde, die mich nicht persönlich kannten, erstaunt waren, wenn sie hörten, dass ich aus Berlin stammte. Erst viel später, so gegen 1967, 1968, ich wohnte mit meiner Familie wieder in Ingolstadt, sprach ich mit einer Nachbarin darüber, eine studierte Musiklehrerin, und sie erklärte mir das so: Sprachen oder Sprechen ist sehr stark auf das Gehör angewiesen. Man muss, wenn man fremde Sprachen richtig aussprechen will, hauptsächlich ein sehr gutes Gehör haben. Sie hatte in ihrer Wohnung einen großen Flügel stehen und testete mich einfach mal zum Spaß. Ich musste zum Fenster schauen und sie schlug irgendeine Taste an und ich sollte sagen, wie der Ton heißt. Ich verglich die Töne mit der Tonleiter, die ich vor mich hersagte, und konnte die meisten Töne richtig benennen. Sie meinte, das nenne man ein »absolutes Gehör«. Zu der Zeit lernte ich gerade Italienisch. Auch heute, fast 35 Jahre später, sagen Italiener oft zu mir: »Pietro, du machst natürlich schon etliche Fehler, ist ja klar, wenn man eine fremde Sprache nicht jeden Tag von morgens bis abends spricht, doch reden tust du wie ein echter Italiener.« Wenn ich mit einem Italiener italienisch rede, sausen meine Hände ebenfalls wie bei einem Italiener hin und her.

Aber jetzt noch etwas zu meiner Fahrt bei Nacht und Nebel mit dem Motorrad nach Berlin-Ost, 1954 im Oktober.

Mein Vater war darüber empört, erstens hätte ich ihn wohl fragen müssen, zweitens vermutete er, dass ich Sympathien

Meine 250er ccm DKW vor einem HO-Hotel in der DDR.

für die Kommunisten hegen müsse, wenn ich freiwillig von Bayern nach Berlin-Ost fuhr. Meine Meinung dazu war, dass es ihn überhaupt nichts anginge, denn ich war 24 Jahre alt und da muss er sich schon so etwas gefallen lassen und außerdem hatte ich, und habe auch heute noch, keine Sympathien für Kommunisten. Er sagte jedoch, dass sein Sohn Peter für ihn nicht mehr existiere und auch meine Geschwister dürften den Namen Peter in seinem Beisein nicht mehr aussprechen. Doch damit konnte ich leben. Ich hatte in Ostberlin zunächst eine kleine Kammer bei Bekannten von früher gemietet. Schlimm für mich war das erste Weihnachten ohne Familie. Da baten mich meine Vermieter, ich möchte doch etwas spazieren gehen, denn Weihnachten ist nun mal ein Familienfest. So ging ich das erste Mal ganz alleine durch die Straßen Berlins. Von überall hörte man Weihnachtsmusik, alle Lokale waren geschlossen, ich glaube, ich habe damals schon etwas Wasser aus den Augen verloren. Doch bereits drei Jahre später bekam mein Vater, was er verdiente. Im August 1957 heiratete ich meine Jugendfreundin standesamtlich im Bezirksamt Prenzlauer Berg. Einige Tage später fuhr einer meiner Brüder, ich glaube es war der älteste, zu meinem Vater und teilte ihm mit, dass sie beschlossen hätten, sie, das waren meine zwei Schwestern und zwei Brüder, dass meine Eltern umgehend ihren inzwischen verheirateten Sohn zur kirchlichen Hochzeit nach Ingolstadt einladen, alle Kosten einschließlich Hin- und Rückfahrt übernehmen und ihn nebst Frau freundlich behandeln sollten, oder sie hätten ab sofort überhaupt keine Kinder, und mögliche Enkelkinder, mehr. Nach reiflicher Überlegung, ich nehme mal an, sie war für beide nicht einfach, erhielten meine Frau und ich eine Einladung nach Bayern. Wir fuhren mit dem Motorrad, einer 250 ccm DKW. Doch zunächst machten wir Hochzeitsurlaub in Schwarzburg, Thüringen, in der Forstfachschule. Der Direktor, den ich in dieser Schule bei einem Ferienlager, bei dem ich Lagerleiter war, kennen gelernt hatte, lud uns ein. Wir blieben dort eine Woche, dann fuhren wir weiter nach Ingolstadt.

Hier muss ich noch Folgendes einflechten. Mein Vater wollte mich mit einer Kollegin verheiraten, nur ich wollte nicht. Er schrieb mir tatsächlich einmal einen Brief. In dem stand so ungefähr: … Warum machst du es nicht wie mit schon so vielen Frauen, ein paarmal ins Bett und dann zur nächsten Frau? Natürlich habe ich dieses Schreiben auch meiner damals Noch-Verlobten gezeigt. Doch nun kamen wir in Ingolstadt an. An der Zauntür bat ich meine Frau zu warten, ich wollte erst mit meinen Eltern ein paar Worte alleine reden, sie solle doch bitte einen Moment noch hier draußen warten. Und so ging ich hinein, begrüßte meine Eltern und sagte ihnen, meine Frau stehe noch vor der Tür. Dann erklärte ich ihnen, der Unterschied zwischen ihnen und meiner Frau sei der, dass ich ohne meine Frau nicht leben kann und möchte, aber ohne meine Eltern das sehr gut ginge. Ich warnte sie, ein böses Wort von ihnen zu meiner Frau und wir würden sofort wieder zurück nach Berlin fahren. Meine Eltern nahmen sich zusammen und so wurden wir in der evangelischen Mathäuskirche in Ingolstadt zirka zehn Tage nach der standesamtlichen Trauung auch kirchlich getraut. Das war 1957.

Unsere standesamtliche Trauung
am 09. 08. 1957 im Standesamt Prenzlauer Berg.

Nach unserer kirchlichen Hochzeit in Ingolstadt
am 17. 08. 1957 im Garten meiner Eltern.

In diesem Jahr 1957 passierte mir auch noch etwas, worüber ich erst sehr erschrocken war. Ein Augenarzt verschrieb mir eine Weitsichtbrille. Na und, werden jetzt viele denken, die haben doch jede Menge Menschen. Ich genierte mich jedoch in der ersten Zeit mit der Brille und trug sie meist in der Tasche. Aber wie alles im Leben hatte auch das noch eine zweite Seite. Ich studierte zu der Zeit nebenbei im Fernstudium. Das bedeutete: tagsüber arbeiten und nachts lernen. Eines Prüfungstages, wir hatten alle 14 Tage Prüfungen, kamen zwei Offiziere der NVA (Nationale Volksarmee) zu uns und erklärten, dass sie dringend technische Offiziere in der Volksarmee benötigten. Da sich zu dieser Zeit niemand, der zum Beispiel Ingenieur war, bei der Armee meldete, was die meisten meiner Studienkollegen ganz sicher verstehen konnten, versuchten sie es nun bei uns, den Fernstudenten, bereits bevor wir mit dem Studium fertig waren. Uns wurde mitgeteilt, dass wir in 14 Tagen keine Klausuren schreiben mussten, sondern im Wald Prüfungen wie folgt abzulegen hätten: 1.: Eine acht Kilometer lange Strecke mit Kompass in einer vorgeschriebenen Zeit zurückzulegen und einen festgelegten Punkt im Wald zu erreichen. 2.: Mit Gepäck eine schwierige Tour zu absolvieren, wie zum Beispiel über einen Bach hangeln oder ein Ruinengebäude im Wald besteigen, und 3.: Mit einem Gewehr jeweils zehn Schuss auf ein 50 m entferntes Ziel liegend und stehend abzugeben. Na, prost Mahlzeit, dachten wir alle. Jedoch als ich an diesem Tag heimkam, fiel mir plötzlich meine Brille ein. Da

Foto links: 17. 08. 1957 – kirchliche Hochzeit in der Matthäuskirche in Ingolstadt.

ich sie erst kurze Zeit hatte, war sie noch nicht in meinem Ausweis eingetragen. Was wäre wohl, wenn ich die daheim lasse? Dann sehe ich doch in 50 m kein Ziel mehr! Gesagt, getan, ich ging an diesem bewussten Tag in Wanderkleidung, jedoch ohne Brille los. Denn die Offiziere, die uns prüfen sollen, sind ja auch nicht dumm.

Jeder von uns bekam einen Militärrucksack, in den Ziegelsteine gepackt waren. Test 1 mit dem Kompass ging ganz gut, aber ich verlief mich aus Versehen einmal. Test 2, wir mussten über einen Bach hangeln, war sehr schwer. Über dem Bach war ein dickes Seil gespannt und daran musste man sich mit Händen und Füßen hängend auf die andere Seite quälen. Na, gerade so geschafft, aber hauptsächlich nur, weil ich, wieder mal, Angst hatte, ins Wasser zu fallen. Test 3 war eine Klasse. Ich traf weder stehend noch liegend mit Gewehr in 50 Meter Entfernung. Immer, wenn ich das noch etwas bessere Auge schließen musste, um mit dem schlechteren Auge über Kimme und Korn zu zielen, sah ich das Ziel nicht einmal mehr. Ich konnte wirklich, ohne mich zu verstellen, keine 50 Meter weit schauen. Nach 20 Fehlschüssen bat ich den Genossen Hauptmann um noch weitere fünf Schüsse. Er erlaubte es, doch auch die fünf Schüsse gingen natürlich daneben. Er schrieb auf mein Prüfblatt zu Test 3: Schießen völlig ungenügend, ich konnte ihm über die Schulter sehen. Ich war ja soooo traurig, dass ich nun nicht in die NVA aufgenommen werden würde. War der Besitz dieser Brille toll!

Übrigens, noch kurz zu der Sache Lagerleiter: Ich musste mich damals, um weiter studieren zu können, irgendwie sozialistisch betätigen. Denn, meine Studienart war so: Jedes Studienjahr musste vom jeweiligen Arbeitgeber der Schuldirektion schriftlich die sozialistische Tätigkeit des betreffenden Studenten mitgeteilt werden. Fehlte diese Mitteilung, wurde man sofort von der Schule gefeuert. Mein Studium war ein Fernstudium und da ich immer einen guten Draht zu Kindern hatte, entschloss ich mich, mich nebenbei als Lagerleiter in einem Kinderferienlager zu engagieren. Natürlich musste ich bei der Gewerkschaft (beim FDGB) einen einwöchigen Kurs ablegen. Im Osten wurde das wie folgt gemacht: Wenn zum Beispiel Internate oder Schulen an der Ostsee oder in Thüringen Schulferien hatten und daher die Unterkünfte leer standen, erhielt ein Betrieb, beispielsweise aus Berlin, in diesem Falle unsere DAdW, die Möglichkeit, die Kinder ihrer Angestellten für vier bis sechs Wochen dorthin in die Ferien zu schicken. Ein Lagerleiter hatte immer einen Koch oder eine Köchin sowie einen Wirtschaftsleiter, und für jeweils zehn Kinder einen Helfer bei sich. Die Kinder der DAdW waren überwiegend Kinder von Akademikern. Im ersten Jahr hatte ich bereits ein Problem. Ich sollte laut Vorschrift eine Wandzeitung machen, auf FDJ-Uniformen bestehen und auf sozialistische Politik achten. Doch die Kinder machten da nicht mit, sie waren im Alter von 10 bis 15 Jahren. Also, in meinem zweiten Lager wurde die gesamte Politik von mir ausgelassen. Meiner Meinung nach sollten die Kinder Ferien machen und sich erholen. Doch einfach war es für mich nicht. Stellen Sie sich zum Beispiel Folgendes vor: Wir hatten einen extra Waggon zur Fahrt nach Weißwasser. Als der Zug vom Ostbahnhof abfuhr, ging ich durch den ganzen Waggon durch und was sah ich da? Im Abteil, in dem nur 14- bis 15-Jährige waren, saßen sie um den kleinen Tisch herum, jeder hatte eine Flasche Bier vor sich stehen und jeder hatte eine Zigarette in der Hand. Natürlich musste ich das alles sofort verbieten. Ich drohte, den Zug mit der Notbremse anzuhalten und sie alle wieder aussteigen zu lassen. Das saß, so schnell konnte man gar nicht schauen, so schnell gaben sie mir alle Flaschen und die Zigaretten einschließlich Feuerzeuge. So, nun weiter mit der Politik. In diesem Lager unterließ ich jegliche politische Reklame beziehungsweise Beeinflussung. Und was passierte dann? Eines Tages besuchte uns, oder besser gesagt, kontrollierte uns unsere Kaderleiterin. Der Kaderleiter ist der Personalchef, aber sehr politisch. Ihr Sohn und ihre Tochter waren auch in diesem Lager. Der Junge war 14 Jahre alt. Er kam an uns vorbei, da fragte seine Mutter ihn und mich: »Warum hat er keine Pionieruniform an?« Seine Antwort lautete wörtlich: »Lass mich bitte wenigstens hier mit dem Scheiß in Ruhe!« Aber das dicke Ende folgte postwendend. Nach dem Ende dieses Lagers wurde mir von der Kaderleiterin mitgeteilt, dass ich ab sofort kein Ferienlager mehr leiten darf.

Monate später kam unser Abteilungsleiter in die Werkstatt und sagte, ich möchte bitte sofort in den Hörsaal kommen. Als ich den Saal betrat, war er erstens voller Menschen und zweitens brach ein Riesenbeifall aus. Ich drehte mich erstaunt um, ob jemand hinter mir stand. Aber nein, der Beifall galt mir. Die meisten waren Eltern, deren Kinder ins Ferienlager sollten. Da erfuhr ich von einem der Väter, einem Wissenschaftler aus der Krebsforschung, dass in diesem Jahr, nachdem den Eltern mitgeteilt worden war, dass ich keine Leitung mehr machen durfte, keine, absolut keine Kinder von ihnen angemeldet worden seien. Das war auch der Grund, warum sie sich hier in diesem Hörsaal versammelt hätten. Er fragte mich, ob ich es doch wieder machen würde? Ich schaute fragend die Kaderleiterin an und sie erklärte mir dann, notgedrungen, dass ich wieder Lagerleiter sein dürfe. Meine Frage lautete natürlich: »So wie bisher?« Sie nickte nur. Als ich dann meine Bereitschaft erklärte, kam erstens wieder Beifall und danach folgte ein Riesengedränge, alle anwesenden Eltern wollten sofort ihre Kinder doch noch anmelden. So war ich von da an noch insgesamt sechsmal Lagerleiter. Nicht nur im Sommer, sondern auch im Winter, doch da natürlich viel kürzer.

Einmal lernte ich einen sehr berühmten Wissenschaftler kennen, dass er berühmt war, wusste ich da allerdings noch nicht, und das kam so: Wie schon geschrieben, arbeitete ich 1956 in der DAdW in Berlin-Buch. Ich fing dort als Betriebselektriker an und mitten in diesem Gelände, in dem es neben etlichen Institutsgebäuden auch einen schönen Park gab, stand die Villa des Präsidenten der DAdW, einem Professor. Natürlich mussten wir als Handwerker auch dort hinein, wenn etwas nicht in Ordnung war. Ich war dort auch des Öfteren drin, mal wegen einem Staubsauger, mal wegen dem Kühlschrank oder einem Kurzschluss. Es ging immer der Kollege hin, der gerade frei war. Jedoch eines Tages, es war 1958, kam unser Abteilungsleiter in die Werkstatt und sagte dem Elektromeister, ab sofort darf nur noch der Herr Brandt in das Haus vom Professor. Alle staunten, sahen mich an, doch ich hatte keine Ahnung, warum. Ein paar Wochen später war wieder etwas Elektrisches nicht in Ordnung. Als ich hinkam, öffnete mir eine ältere Frau die Tür. Das war das erste Mal, dass jemand im Haus war, sonst erhielten wir immer nur einen Schlüssel. Sie erklärte mir, dass sie die Haushälterin des Herrn Professors sei. Wir kamen ins Gespräch und da fragte ich sie natürlich, warum ab sofort nur noch ich hier arbeiten sollte. Dazu erklärte ich ihr, dass für bestimmte Reparaturen immer nur bestimmte Elektriker zuständig seien. Sie antwortete, wenn die anderen kommen müssten, dann ab sofort immer nur, wenn sie im Hause sei. Auf meine Frage, warum, erklärte sie es mir: Sie hatte an alle Türen bestimmte kleine Zeichen, wie zum Beispiel Haare, geklebt, auch an alle Schubläden, und nur bei mir wären diese nie beschädigt worden. Dazu muss ich sagen, manchmal musste ich schon den Kopf über meine Kollegen schütteln, wenn sie nach einer Reparatur im Haus des Professors erzählten, was er so alles in den Schränken oder Schubläden hätte, wohlgemerkt, keiner der Kollegen hat jemals etwas gestohlen. Die meisten waren nur sehr neugierig. Doch ich habe wirklich noch nie bei anderen Menschen in die Schränke geschaut. Das mache ich auch heute nicht. Doch nun weiter. Als ich eines Tages wieder einmal ins Haus musste, war auch der Professor da. Er schaute mir bei meiner Arbeit zu, danach bat er mich in ein anderes Zimmer. Dort sollte ich Platz nehmen und dann fragte er mich: »Na, wie heißen Sie denn? Was machen Sie sonst noch?« Ich erklärte ihm, dass ich seit 1956 ein

Fernstudium in Elektrotechnik machen würde. Er fand das sehr gut und stellte mir seine Hilfe in Aussicht. Dazu: 1960 bekam ich einen Studienförderungsvertrag. Als Pate wurde ein Chemiker, Herr Otto R., benannt. Das Gute an diesem Vertrag war jedoch, ich sollte gemäß meines Studienniveaus entsprechend eingesetzt werden, also zum Beispiel als Techniker und kurz vor dem Abschluss bereits als Ingenieur. Und bereits 1959 bekam ich eine Prämie in Höhe von 100,- DM, die vom Professor unterschrieben war. Aber nun zurück zu unserem Gespräch: Der Professor fragte mich:»Na, was spricht man denn so in den Instituten über mich?« Dazu muss ich erklären, natürlich wusste der Professor, dass die Betriebshandwerker überallhin müssen und dabei natürlich auch viele Beschäftigte des Institutes treffen. Ich konnte ihm nur Positives sagen und es entsprach den Tatsachen, was ich ihm sagte. Da wir viele Doktoren und andere, die noch keinen Titel hatten, kennen lernten, hatten wir über einige schon eine Meinung. Manche dieser Noch-nicht-Doktoren boten uns das Du an, doch nach vielleicht fünf oder sechs Monaten, nachdem sie ihren Doktor hatten, baten sie sofort darum, sie seien ab sofort nicht mehr der Willi, sondern der Herr Doktor Meier, oder so. Sie grüßten danach auch kaum noch jemanden, der nicht mindestens Doktor war.»Doch Sie, Herr Professor«, sagte ich zum Professor,»grüßen sogar die Frauen, die im Park arbeiten. Und sie ziehen dabei sogar Ihren Hut. Dabei, wenn Sie niemanden grüßen würden, wäre Ihnen keiner böse. Sie sind erstens für uns alle der Präsident, zweitens gehören Sie zu den international bekannten Physikern und drittens sind Sie, mit Verlaub, bestimmt an die 70 Jahre alt.« Seine Antwort: »Ach wissen Sie, Herr Brandt, wer etwas kann, der muss es nicht jedem erzählen.« Und dieser Satz hat sich mir eingeprägt. Ich war stolz, dass er mit mir »kleinem Wicht« so redete.

Ich sollte Aktivist werden, und hier nun der Grund, warum ich es nicht wurde: Die Jahre vergingen wie im Fluge, ich war keine 18 mehr, inzwischen schrieben wir das Jahr 1963. Ich hatte mein Studium hinter mir. Wenn ich so zurückdenke: Angefangen habe ich 1945 als Bauhelfer, dann wurde ich Dachdeckerhelfer, Pferdepfleger im Zirkus, Helfer in einer Fahrradschlosserei, arbeitete in einer Limonadenfabrik, dazwischen fällte ich kurzfristig bei der Holzaktion in Wittstock Bäume, dann war ich Kumpel im Bergwerk, mit 21 Jahren machte ich eine Lehre als Elektriker, dann die Abendschule, Fernstudium und dann war ich fertig, auch mit den Nerven. Ich kann mich noch gut erinnern, als ich 1962 fertig wurde, hing über meinem Arbeitsplatz ein Blatt von den Kollegen: Gestern konnte ich noch nicht Ingenieur schreiben und heute bin ich einer. Ganz so Unrecht hatten sie damit eigentlich nicht. Doch nun zum Thema. Ich war 1963 im größten Elektromontagebetrieb Ostberlins, dem VEB Starkstromanlagenbau Berlin, als Technologe beschäftigt. Da ich ein sehr gutes Verhältnis zur Montage hatte, kriegte ich immer die schlimmsten Termin-Arbeiten. Kollege Brandt wird es schon schaffen, hieß es. Dieses Mal war es das Betonwerk Köpenick. Es war eine so genannte Investruine. Die Bauten standen alle, konnten nur nicht genutzt werden, da die gesamte Elektroinstallationssteuerung und vieles mehr fehlte. Ich fuhr raus nach Köpenick. Es sah alles prächtig aus. Die Kräne am Fluss sollten den Kies aus den Flussbooten entladen. Über zwölf Transportbänder sollte er über einen Kommandoturm in die einzelnen Lager transportiert werden. Die Betonmischer, die vollautomatisch mit Zement und Kies beschickt werden sollten, standen in Reihe und Glied. Doch was sah ich noch? Am Flussufer schaufelten sechs bis acht Mann den Kies immer etagenweise ein bis zwei Meter hoch in kleine Elektrokarren. Diese fuhren dann zu zwei provisorischen kleinen Mischern und dort wurde der Beton für die Fertigteile hergestellt. Nichts lief richtig, alles war nur provisorisch. Ich machte mir erst mal jede Menge Notizen. Dann wurde ich von unserer Firma mit dem Dienstwagen des Bauministers abgeholt und ins Ministerium gefahren. Er legte mir eine Studie über das Bauvorhaben vor, nach der eine Fachkommission im Auftrage des Zentralkomitees der SED (ZK der SED) nach angeblich monatelanger Prüfungen zu dem Schluss gekommen war, dass dieses Betonwerk frühestens in drei Jahren seine einwandfreie Arbeit aufnehmen könnte. Seine Frage an mich lautete:»Können Sie das schneller machen und wie lange würde das dann dauern?« Er übergab mir alle vorhandenen Pläne, es waren die Planungen der gesamten Elektroanlage, allerdings ohne Ausführungs- oder Schaltpläne. Er sagte dazu, dass das Erstellen von Schalt- und Klemmplänen extra bezahlt würde. Ich bat ihn um eine Woche, zwecks Durchsicht und Prüfung der Machbarkeit. Danach rief ich meine Studienkollegen zusammen und wir entwickelten einen Plan. Zwei Kollegen erstellten gegen Bezahlung, natürlich nur nachts, alle notwendigen Schalt- und Klemmpläne. Die anderen Kollegen und ich, die in den Firmen, aus denen die notwendigen Schaltschränke stammten, zum Teil Bekannte in der Führungsebene hatten, telefonierten in den nächsten Tagen mit diesen Leuten. Auch ich machte das, das war so Anfang März 1963. Dabei fragte mich ein ehemaliger Studienkollege:»Sage mal, hier waren doch erst welche vom ZK?« Ich antwortete, ja, aber wir bräuchten die Schaltschränke in zirka vier bis fünf Wochen, vorher bekäme er noch die Klemmpläne und alles andere. Gesagt, getan, nach einer Woche tanzte ich wieder beim Bauminister an und sagte zu ihm, am 15. Juni 1963 könne er den Hauptschalter betätigen, also nach nur drei Monaten.

Wie gesagt, es waren weder Steuerungs- noch Installationspläne vorhanden. Daher war natürlich auch kein Material bestellt worden, denn erst wenn die Pläne fertig sind, kann man wissen, welches und wie viel Material benötigt wird. Ich suchte mir erst mal die richtigen Montagegruppen aus. Das hört sich leichter an, als es getan ist. Ich verabredete mich mit zwei Montagemeistern und ihren beiden Montagegruppen in einem Lokal nach Feierabend. Dort erklärte ich den Monteuren, dass eine Spezialistenkommission vom ZK nach monatelangen Untersuchungen in der ganzen DDR festgestellt habe, dass einschließlich der Erstellung der gesamten Montagepläne, der Bestellung aller Materialien inklusive Lieferzeiten und anschließender Montage frühestens in drei Jahren die Inbetriebnahme des Betonwerkes Köpenick erfolgen könnte. Da wurden schon einige hellhörig. Manche ahnten bereits, dass wir damit auch jemandem eins auswischen könnten. Ich erklärte ihnen, dass ich mich persönlich darum kümmern würde, dass zur bestimmten Montagezeit die notwendigen Materialien auf der Baustelle vorhanden sein würden. Zur Erklärung, wir hatten des Öfteren bei Beginn der Montage bei einem Neubau alle Leuchten, Schalter und Sonstiges auf der Baustelle, jedoch das gesamte Material, das zur Unter-Putz-Montage benötigt wurde, war nicht vorhanden. Wie oft mussten unsere Monteure auf Baustellen herumlungern, da das notwendige Material für den Rohbau aus unerfindlichen Gründen nicht da war.

Da mich alle kannten, weil ich nun mal vor meinem Studium selbst etliche Jahre als E-Monteur gearbeitet hatte und daher für sie noch immer ein ehemaliger Kollege war, konnte ich sie überreden, mitzumachen. Ich vermute, es ging ihnen in erster Linie nicht um mehr Geld, sondern darum, den anderen zu beweisen, dass, wenn alles fachlich vorbereitet wird, man den Oberen, wie zum Beispiel der genannten Kommission, beweisen kann, dass man mehr schaffen könnte.

Ich hatte dem Bauminister eine Fertigstellung in drei Monaten avisiert. Es war für mich alles klar. Wenn wir den Termin halten würden, verdienten meine Studienkollegen, die ich für die Projektierung gewinnen konnte, jeder einige Tausend Mark zusätzlich, die Monteure pro Mann zirka 500,- Mark zusätzlich und ich sollte Aktivist des Fünf-Jahres-Planes mit Orden werden und 300,- Mark Prämie erhalten. Es war schon eine Heidenarbeit. Ich bekam sogar ein eigenes Dienstauto nebst Fahrer gestellt, da ich in der gesamten DDR Materialien zusammenholen musste. Nachts saßen wir über den Zeichnungen, früh fuhr ich mit den fast noch feuchten Zeichnungen auf die Baustelle zu den Monteuren. Es waren drei Monate Hetzerei, doch gemeinsam schafften wir es. Genau nach drei Monaten konnte die Baustelle übergeben werden. Mein Direktor überschlug sich fast. Ich war im Betrieb ganz oben und gehörte von nun an zur Betriebsleitung. Natürlich feierte ich mit den Monteuren diesen Riesenerfolg eingehend. Es vergingen einige Wochen. Fertigstellung war Mitte Juni und am 7. Oktober sollte ich feierlich Aktivist werden. Doch es kam ganz anders. Eines Tages musste ich zum Direktor. Es sei ein Skatturnier im Betrieb geplant, meinte er, und da sonst niemand von der Betriebsleitung Skat spielen könne, hoffe er, ich könne das. Ich konnte. Also kommandierte er mich als Vertreter der Betriebsleitung zu diesem Turnier ab, damit die ganze Sache einen offiziellen Charakter erhielte. Na, mir konnte es recht sein. Meine Anmeldung wurde also zum Organisator geschickt. Ein paar Tage später war ich mit dem Dienstauto unterwegs, da erzählte mir der Fahrer, er hätte gehört, es nähmen auch Offiziere der Grenzbrigade als Patenbrigade unseres Betriebes teil. Da mir von der Betriebsleitung nichts Derartiges gesagt worden war, konnte ich es nicht glauben. Der Fahrer bestellte mir noch, wenn die Offiziere der Grenzbrigade wirklich kämen, würden alle aufstehen und den Saal verlassen. Hier sei eine kurze Erklärung gestattet. Die Grenzbrigade war die Truppe, die an der Sektorengrenze, unserer Grenze an der Oberbaumbrücke, mit Maschinenpistolen auf so genannte Flüchtlinge schoss. Und da es erstens keine sehr mutige Sache war, mit Maschinenpistolen auf Wehrlose zu schießen, und zweitens ich sowieso kein Freund der Mauer war, welcher Berliner war das schon, sagte ich zu, unter diesen Umständen ebenfalls nicht zu spielen.

Es kam der Tag des Skatturniers. Wir waren alle im Saal versammelt und wunderten uns, warum es noch nicht losging. Auf einmal hörten wir Marschschritte und Kommandos. Dann ging die Tür auf und es kamen tatsächlich jede Menge Offiziere, vom Major bis Leutnant, herein. Sie taten, als wären sie in unserem Betriebsspeisesaal zu Hause. Ich war so sauer, dass ich aufstand und mich laut verabschiedete. Sofort war der dienstälteste Offizier bei mir und fragte, ob ich nicht mit ihnen spielen wolle. Meine Antwort:»Mit Maurern spiele ich keinen Skat!« und damit verließ ich den Saal. Später wurde mir erzählt, dass noch viele andere den Saal verlassen hatten. Für mich war es jedoch mit dem Aktivistenorden vorbei. Am nächsten Morgen musste ich beim Direktor antreten. Er machte mir schwere Vorwürfe und meinte, der Aktivist sei selbstverständlich gestrichen. Da ich jedoch die 300,- Mark Prämie erhielt, war mir der Orden egal.

Warum ich das aufschreibe? Es ist beileibe nicht so, dass die Bevölkerung der DDR vollständig hinter der Regierung stand, wie es die eine Seite geglaubt haben mag, oder alle aus Angst sich arrangiert hätten, wie es die andere Seite geglaubt hatte. Ich selbst habe häufig erlebt, dass in einer vollen S-Bahn ein Offizier der Volksarmee eine ganze Sitzbank für sich hatte, da alle anderen lieber standen, als neben ihm zu sitzen.

Doch 1963 sollte ich nicht nur Aktivist werden. Die DDR versuchte oft, der BRD nachzueifern. Zum Beispiel liefen zu der Zeit in der BRD Quiz- oder Ratesendungen, und das versuchten sie nun auch im DDR-Fernsehen. Aber wer durfte da mitmachen? Natürlich gab es nicht wie in der BRD freiwillige Anmeldungen und Castings, durch die Kandidaten ausgewählt wurden. Nein, typisch für die DDR wurde zum Beispiel zehn technischen Betrieben mitgeteilt, dass sie an einem bestimmten Tag, so nächste Woche Mittwoch, fünf Personen, Beruf mindestens Ingenieur, zu melden hätten. Dann kam ein Team des DDR-Fernsehens. Unser Betrieb wurde auch ausgewählt, fünf Personen, unter anderem ich, mussten in einen großen Wohnwagen vom Fernsehen einsteigen und dort insgesamt 45 Fragen aus neun verschiedenen Gebieten, also jeweils fünf Fragen pro Gebiet, beantworten. Ich glaube mich zu erinnern, dass wir dafür insgesamt 30 Minuten Zeit hatten. Uns wurde mitgeteilt, dass zur gleichen Zeit in zirka neun anderen Betrieben gleichermaßen verfahren wurde. Wir erhielten umgehend nach der Auswertung Bescheid. Das heißt, es wurden insgesamt 50 Personen geprüft und uns wurde gesagt, es gäbe für jede richtige Antwort einen Punkt. Die zehn Kandidaten mit der höchsten Punktzahl kamen ins Fernsehen. Die Sendung hieß »Geradeaus oder Umsteigen«. Moderator war der zu der Zeit bekannte Schauspieler H. G. Simon. »Geradeaus oder Umsteigen« ging wie folgt: Man hatte am wenigsten Fragen, wenn man geradeaus ging. Ich glaube, es gab dabei neun Fragen zu verschiedenen Themen. Wenn man ein Thema nicht wollte, konnte man nach links oder rechts umsteigen. Dadurch hatte man jeweils eine Frage mehr zu beantworten. Ich machte mich also an dem bestimmten Mittwoch mit weiteren vier Kollegen auf den Weg zum Wohnwagen des DDR-Fernsehens, der auf der Straße stand. Wir bekamen jeder einen abgeschirmten Platz und dann legte man jedem das Blatt mit den Fragen vor. Zwei meiner Kollegen schieden nach 30 Minuten aus, da sie nur die Hälfte der Fragen beantwortet hatten. Ein paar Tage später wurde mir mitgeteilt, dass ich zu den insgesamt zehn Kollegen gehören würde und man lud mich an einem Samstagvormittag nach Adlershof ins Fernsehen ein. Als ich dort hinkam, begrüßte uns H. G. Simon und erklärte, dass wir alle am nächsten Tag im Fernsehen auftreten würden. Er bat dann jeden einzeln in ein Nebenzimmer. Als ich zu ihm hineinkam, sagte er, ich hätte 43 Punkte und wäre damit der Zweitbeste und werde mit dem Punktbesten ein Paar bilden. Ich fragte: »Wie viel Punkte hatte denn der Beste?« Er sagte mir, er hätte 47 Punkte gehabt. Daraufhin fragte ich, wieso bei möglichen 45 Punkten jemand 47 Punkte erhalten hätte? Es stellte sich heraus, dass derjenige bei zwei Fragen nach sowjetischen Schriftstellern, die ich nicht beantwortet hatte, noch zwei oder drei andere Schriftsteller genannt und dafür Sonderpunkte erhalten hatte. Ich lernte diesen Schlaumeier anschließend kennen. Er war studierter Flugzeugingenieur, aber zu der Zeit der Parteisekretär im Flughafen Schönefeld. So, nun ging es schon weiter. Das Zusammenstellen der Paare dauerte am Samstag bis zum späten Nachmittag. Essen bekamen wir im Sender. Als erstes Paar waren also der Parteisekretär und ich dran.

Meinen Gegner bat er, am kommenden Sonntag, dem Tag der Sendung, seine Uniform anzulegen. Gut, am nächsten Tag, Sonntag, mussten wir schon um 15.00 Uhr im Sender sein. Dann ging es auf die Bühne. Es gab einen großen, dunklen Vorhang und dahinter hatten wir uns fünf Minuten vor Sendebeginn aufzuhalten. Herr Simon sagte noch einmal zu meinem Rategegner: »Sie alle werden erst von der Ansagerin angekündigt und dann ergreife ich das Wort und rufe die beiden ersten Kandidaten auf. Dann kommen Sie beide hintereinander auf die Bühne, Sie, Herr Brandt, bitte hinter Ihrem Gegner. Er macht mit seiner Uniform und mit den vielen Orden den besten Eindruck.«

Doch es kam etwas anders, als es sich der Moderator vorgestellt hatte. Als die Ansagerin begann, setzte sich mein Gegner plötzlich auf einen Stuhl, wurde kreidebleich und fing an zu zittern. Ich ging zu ihm. Er stotterte nur: »Da gehe ich nicht raus, auf keinen Fall!« Ich rief leise jemand vom Fernsehen her, schließlich konnten sie ihn so weit überreden, sich beim Hinausgehen hinter mir zu verstecken. Sie fragten mich: »Macht es Ihnen etwas aus, als Erster durch den Vorhang zu gehen?« Ich antwortete, ich hätte kein Problem damit. Mittlerweile war die Ansagerin fertig und Herr Simon bat das erste Paar, also uns, auf die Bühne. Und entgegen seiner Vorstellung kam nicht der Parteisekretär, sondern ich als Erster auf die Bühne. Doch danach klappte alles. Zu meinem Glück kamen bei Literatur dieses Mal keine sowjetischen Schriftsteller dran. Nun, lange Rede, kurzer Sinn, ich gewann und erhielt dafür ganze 200,- Mark. Wenn man die Zeit unserer Aufwendung dagegenhält, war das nicht sehr viel. Doch unserer Familie kamen sie gerade recht. Wir kauften davon einen Sportwagen, für unsere kleine Tochter, die gerade ein Jahr alt war.

Vielleicht noch ein paar Worte zu meinem Studium. Bereits bei meinem ersten Versuch, 1955, die Aufnahmeprüfung zu bestehen, wunderte ich mich über die Frage im Fach »Technisches Zeichnen«. Ich musste einen Gegenstand zeichnen, bei dem ich nicht einmal wusste, wie er aussah. Er hatte nichts mit Elektrotechnik zu tun. Ich fiel durch. Im nächsten Jahr, 1956, versuchte ich es noch einmal. Da erhielt ich im »Technischen Zeichnen« eine Elektrofrage. Das war kein Problem. Eine Erkundigung nach der Prüfung brachte die Lösung. Der Dozent erklärte es mir ganz einfach: Im vorigen Jahr flogen die meisten Elektriker durch und in diesem Jahr dafür die Metallhandwerker. Er sagte: »Damit regulieren wir die Menge der Studierenden.«

Um in der DDR zu studieren, gab es für mich folgende Möglichkeiten: Erstens, ein Direktstudium am Tage, dabei erhält man so ungefähr 300,- Ostmark als Stipendium. Dieses wird jedoch bei anderen Einnahmen reduziert, wenn zum Beispiel der Ehepartner arbeitet. Studiendauer: normalerweise drei Jahre. Zweitens, ein Abendstudium ohne Stipendium, Studiendauer: fünf Jahre. Drittens, ein Fernstudium ohne Stipendium, Studiendauer: fünf Jahre. Der Vorteil: Alle 14 Tage (meistens am Mittwoch) gibt es einen so genannten Studientag, an diesem Tage wurde nicht studiert, sondern geprüft. In den ersten fünf Semestern meistens mit zwei bis drei Klausuren. Die nächsten fünf Semester gingen wie folgt vor sich: In jedem Monat gab es eine Woche mit Prüfungen. Das Gute bei diesem Studiengang war, dass man für diese Studientage sowie die Prüfungswochen in den zweiten fünf Semestern vom Arbeitgeber freibekam. Also, ich überlegte und dann entschied ich mich für das Fernstudium. Die Durchfallquote im Fernstudium lag bei zirka 35%, denn wir hatten ja so gut wie keine Vorlesung. Wir wurden auf bestimmte Bücher in der Uni-Bücherei hingewiesen. Da ich, wie später noch geschildert, 1959 einen Motorradunfall hatte, der mich durch einen langen Krankenhausaufenthalt davon abhielt, zu den Prüfungen zu gehen, musste ich das dritte Jahr wiederholen. Doch im Nachhinein war auch das wieder gut für mich. Denn ich kam in einen anderen Jahrgang, in dem ein Dozent von einer Chemie-Ingenieur-Schule war, der ebenfalls den Technischen Ingenieur machen wollte. Und der führte Folgendes ein: Er organisierte für den Abend in seiner Ingenieur-Schule ein Klassenzimmer für uns. Wir waren so zirka zehn bis zwölf Berliner. Er schlug vor, dass an jedem Abend, an dem wir uns zum Lernen trafen, immer einer an der Tafel vorne den gerade anstehenden Stoff allen anderen erklären sollte. Damit wurde jeder gezwungen, wirklich selbst zu lernen und nicht nur dort zu sitzen und das abzuschreiben, was an der Tafel stand. Ohne diese wunderbare Möglichkeit zu lernen hätte ich es vielleicht nicht geschafft. Auch hier sieht man wieder, jede Sache, die einem passiert, hat nicht nur eine schlechte, sondern, oft erst im Nachhinein, auch eine gute Seite. Es war eine sehr schwere Zeit. Den ganzen Tag arbeiten, lernen, nur nachts zu Hause und am nächsten Tag wieder arbeiten. Übrigens, die Tage in den ersten fünf Semestern (alle 14 Tage ein Tag) sowie die Wochen des zweiten Semesters (jeden Monat eine Woche, von Montag bis Samstag), bekamen wir alle von unseren Arbeitgebern frei.

So ziemlich zum Ende meines Studiums passierte noch etwas: Bei unserer Hochzeit 1957 musste ich meiner Frau fest versprechen, dass wir, bevor sie 30 Jahre wird, Kinder haben. Sie wollte nach 30 keine Kinder mehr bekommen. Das sagte sie damals im Hinblick auf mein Studium. Mindestzeit fünf Jahre würde es dauern, bei mir wurden es sogar sechs Jahre, also von 1956 bis 1962. Und 1962 sollte meine Frau 30 Jahre alt werden! Na, ich merkte mir genau dieses Datum. Und im Februar 1962, ich war die letzte Woche mit Prüfungen in der Schule, da rief mich meine Frau des Abends an und sagte zu mir: »Peter, ich bin im dritten Monat schwanger!« Ich rechnete sofort weiter und, was hatte ich für ein Glück, unsere Tochter sollte am 7. August 1962 geboren werden und meine Frau wurde im September 1962 30 Jahre alt. Habe ich da mein Versprechen gehalten? Ich glaube, ich hatte, nein, wir hatten großes Glück.

Und da es für einen werdenden Vater, zumindest beim ersten Kind, nicht leicht ist, schrieb ich mir das »Vaterwerden« von der Seele und schickte es im August 1962 an die Berliner Zeitung. Hier nun der Text:

VATERSORGEN

Um nicht missverstanden zu werden, meine Zeilen wollen weder die Ehre, noch die Leistungen unserer Mütter angreifen, sie könnten es auch gar nicht, sondern dienen lediglich dazu, das Kinderkriegen einmal von der zukünftigen Vaterseite aus zu beleuchten. Es ist zwar so eingerichtet, dass die Frau den (viel) schwereren Teil dabei tragen muss. Aber uns Männern bleibt doch immer noch genug übrig. Welcher Mann hat während der Schwangerschaft nicht stündlich, ja, minütlich Angst um Frau und Kind gehabt? Es kann sein, dass diese Angst mit der Anzahl der Kinder schwindet. Doch bei uns war es kürzlich das erste Kind. Also war die Angst da, und nicht zu knapp. »Gehe langsam, vermeide Gedränge, wenn dir schlecht wird, setze dich hin.« Wir, die Männer, sind in Angst und Sorge, und mal ehrlich, liebe Frauen, ihr fühlt euch doch sehr wohl bei dieser Fürsorge! Oft werden die werdenden Väter von erfahrenen Frauen angehalten. Frau Jacob aus dem Haus: »Es wird bestimmt ein Mädchen.« Frau Meier aus dem Nachbarhaus: »Isst Ihre Frau eigentlich gerne Saures? Dann wird's bestimmt ein Junge.« Bei mir ging es bis zu Zwillingsvoraussagungen.

Wenn dann die Zeit langsam da ist, das kostet Nerven. Wird es, wie bei uns, das erste Kind, weiß man nicht, wann ist es Zeit den Krankenwagen zu rufen? All denen, die es noch vor sich haben, sei zur Beruhigung gesagt: Wenn es losgeht, merkt ihr es beide.

Ich fuhr natürlich mit ins Krankenhaus. Auf der Station

warf mich die Stationsschwester sofort wieder hinaus. Seht ihr, liebe Frauen, was mit euch passiert, das wisst ihr, denn ihr seid ja dabei. Wir Männer können es uns nur ausmalen. Habt ihr euch schon einmal überlegt, was das für Nerven kostet, nichts wissen und nur warten? Warten, bis das Telefon klingelt, ran, es ist da! Was? Das erfahren wir auch noch nicht. Erst abends bei der Besuchszeit. Dann sehen wir eine strahlende Mutter, die ihr Kind erstens schon viel eher gesehen hat und es zweitens auch schon im Arm hatte. Wir Väter dürfen nur ein paar Minuten durch die Glasscheibe schauen und dann wieder warten, warten. Glaubt ihr nun, ihr lieben Frauen, dass es gar nicht so leicht ist, Vater zu werden?

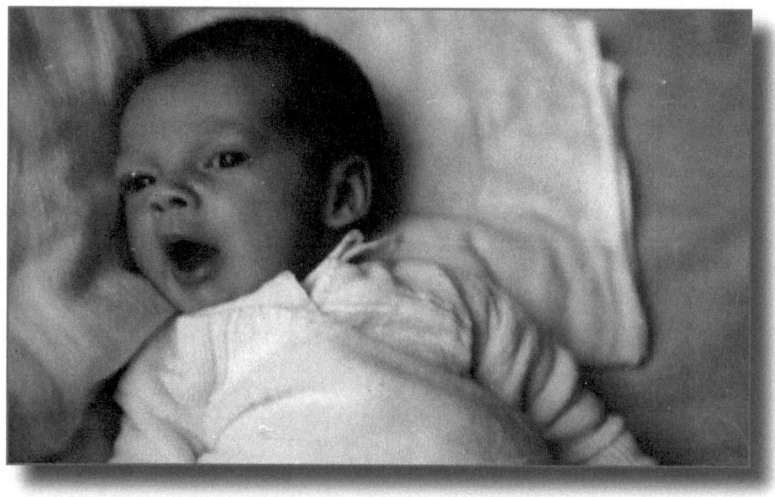

Unser Sonnenschein ist endlich da,
hier auf dem Foto ca. 2 Wochen alt.

Hier noch eine andere Geschichte, die mir in Erinnerung geblieben ist: Ich arbeitete ab April 1964 bei dem VEB Berlinprojekt. Das war ein Betrieb, der für den Neuaufbau der Stadt Berlin zuständig war. Das heißt, Architekten, Ingenieure für Heizung, Lüftung und Elektroinstallation machten die notwendigen Planungen nebst anschließendem Um- oder Neubau. Auch die Humboldt-Universität, einschließlich der dazugehörigen Institute, musste innen erneuert werden. In diesem Zusammenhang bekam ich eines Tages das Projekt »Umbau der Pathologie« auf meinen Tisch. Ich fuhr also dorthin und wollte mir alle dazugehörenden Räume ansehen, um die gesamte Installation, Kraft- und Lichtverhältnisse aufzunehmen. Dazu führten mich die Professoren, alles Pathologen, zuerst in den größten Raum. Sie ließen mich hineingehen und verschlossen, ehe ich mich versah, hinter mir die Türen. In dem Raum standen zirka 30 tischähnliche Platten, auf denen fast überall Leichen lagen, die zum Teil aufgeschnitten waren, zum Teil fehlten Arme oder Beine oder Ähnliches. Nun, ich fand das alles sehr interessant und ging von Platte zu Platte. Nachdem ich mir so ziemlich alle Leichen angesehen hatte, nahm ich die E-Installation unter die Lupe, machte mir diverse Notizen und wunderte mich, dass ich immer noch allein war. Mittlerweile war es so zirka 10.00 Uhr und da die Türen noch zugesperrt waren, setzte ich mich auf eine freie Bank, holte mein Frühstücksbrot heraus und machte gemütlich Brotzeit. Da ging neben mir ganz vorsichtig die Tür auf und die Professoren standen mit offenem Mund vor mir. Erst da erzählten sie mir, dass sie erwartet hatten, dass ich laut um Hilfe schreien würde. Da es aber so ruhig war, hatten sie die Vermutung, dass ich ohnmächtig auf der Erde liegen würde. Dass hier jemand sitzt und frühstückt, war ihnen noch nie passiert. Ob ich keine Angst gehabt hätte?»Vor wem denn?«, antwortete ich. »Die sind doch alle tot.« Kopfschüttelnd gingen sie wieder hinaus. Laut Aussage der Chefsekretärin ist ihnen so etwas noch nie passiert. Doch bei mir ist es halt so, dass mir bei Blut oder Ähnlichem, auch im Krankenhaus, nicht schlecht wird. Warum? Das weiß ich nicht.

Eine andere Geschichte, 1964, in dem Jahr besuchte uns meine Schwester mit ihrem Ehemann in Berlin-Ost. Wir wollten ihnen etwas von Berlin zeigen und gingen unter anderem mit ihnen ins Café Moskau, in der Stalin-Allee. Mein Schwager war Bayer und so sprach er auch. Er fragte mich im Café wörtlich:»Du, Peter, was würde mich das kosten, euch in den Westen zu holen?« Unser Glück war, dass ihn keiner verstanden hatte. Wir zahlten sofort und verließen das Café. Doch so fing die Geschichte unserer Flucht von Ost nach West an. Ende 1964 lief ich nach Überstunden relativ spät zum S-Bahnhof Jannowitzbrücke. Ich ging zusammen mit unserem Abteilungsleiter. Mitten auf dem großen freien Platz vor dem S-Bahnhof sagte er zu mir leise, dass ich auf der Liste stehen würde. Das bedeutete, dass ich irgendwann abgeholt und eingesperrt werden würde. Ich hatte mich im Laufe des Jahres mehrere Male geweigert, in die Gesellschaft für Deutsch-Sowjetische-Freundschaft einzutreten. Der Stellvertreter unseres Abteilungsleiters war zu der Zeit der 1. Vorsitzende dieser

Gesellschaft für ganz Ostberlin. Nach mehreren Diskussionen vor allen Beschäftigten der Abteilung, immerhin 60 bis 80 Personen, wurde ich einige Tage später in sein Büro gebeten. Dort saßen zwei Männer ohne Abzeichen am Anzug, also waren sie von der Stasi. Sie diskutierten mit mir über alles Mögliche. Doch als es mir dann reichte, sagte ich zu ihnen:»Freundschaft mit der SU gibt es bei mir nicht, dazu habe ich in den Jahren 1945 bis 1949 zu viele Getötete oder schwer Verletzte gesehen.« Ich sagte, ich würde keinen Streit oder Krieg mit ihnen haben, aber Freundschaft gäbe es von meiner Seite auch nicht. Daraufhin brachen die beiden Herren das Gespräch mit mir ab, mit der Bemerkung, jetzt glaubten sie, dass ich die Wahrheit gesagt hätte.

Zurück zu meinem bayerischen Schwager und seiner Frage im Café Moskau. Das konnte für mich eine Möglichkeit sein, dem Zuchthaus der Stasi zu entkommen. Doch das Problem war, aufgrund der Tatsache, dass ich auf der roten Liste stand, musste ich damit rechnen, dass ich in absehbarer Zeit abgeholt werden würde. Hinzu kamen folgende Faktoren: Ich war sauer, dass ein in Berlin geborener Mensch in Berlin keine Neubauwohnung bekam, wenn er nicht wenigstens in der SED war. Zu der Zeit, zirka 1956 bis 1960, war ich in Berlin-Buch in der Deutschen Akademie der Wissenschaften, Institut für Medizin und Biologie, als Elektriker beschäftigt (abgekürzt DAdW Berlin-Buch). Gleichzeitig war ich in der Gewerkschaft. Und als Gewerkschaftsmitglied wurde ich in die Betriebsgewerkschaftsleitung, kurz BGL, gewählt. Unser BGL-Vorsitzender, genau wie ich nur ehrenamtlich, war in der DAdW Berlin-Buch

»Robert Rössle-Klinik« als Arzt beschäftigt. Wir unterhielten uns mal wegen einer Wohnung, und da sagte er: »Du, Peter, ich habe eine Idee. Ich schreibe als Doktor an das Ministerium für Wohnungswirtschaft, wer wird mit Wohnraum vorrangig beliefert?« Er sagte: »Wenn ich mit Titel unterschreibe und das Schreiben mit dem Stempel DAdW, Institut für Medizin und Biologie, versehe, erhalte ich ganz sicher eine Antwort. Gedacht, getan. So ungefähr nach drei bis vier Wochen rief er mich an und bat mich zu sich rüber. Er hatte als Antwort des Ministeriums eine Liste bekommen, in der genau stand, wer in Berlin bevorzugt eine Neubauwohnung erhalten wird. Wir suchten jetzt beide, was ich so sein könnte und er schrieb dann in dem Antrag für eine Wohnung, dass ich für die DAdW eine sehr wichtige Person sei. Nach weiteren vier bis sechs Wochen, so Anfang 1959, erhielt ich eine Zuteilung für eine Neubauwohnung, gelegen im Bezirk Treptow, Nähe Plänterwald. Natürlich haben wir bei meiner Beurteilung, was mein Wissen und Können betrifft, maßlos übertrieben, aber warum sollten wir die herrschende Klasse unseres sozialistischen Staates nicht mit ihren eigenen Waffen schlagen? Als wir dann Ende 1959 in die gerade fertig gestellte Wohnung einzogen, mein Gott, was hatten wir für Nachbarn. Unser Balkonnachbar war Mitglied des Zentralvorstandes des FDGB, der Nachbar über uns war Major einer Sondereinheit der NVA, seine Frau Parteisekretärin in einem Betrieb, unser direkter Nachbar war bei der Volkspolizei und so ging die Nachbarschaft immer weiter. Zum Schluss wir, doch es ging noch weiter.

Nach ein paar Wochen dachte ich, ein Telefon wäre

nicht schlecht. Mein Bekannter, der vorsitzende Doktor, schlug sofort eine Anfrage beim Postministerium vor. Alles klar, langsam kannte ich mich ja aus. Auch da suchten wir uns wieder etwas aus der uns zugesandten Liste raus und lieferten viel mehr als nur eine große Übertreibung: Ich musste Tag und Nacht erreichbar sein, ohne mich ging elektrisch nichts mehr, so gaben wir das auf. Freunde von uns, die dort in der Nähe wohnten, sagten, hier müssten wir mindestens acht Jahre warten, bis wir ein Telefon bekommen würden. Und doch erhielt ich binnen vier Wochen einen Telefonanschluss. Natürlich wussten wir beide, der Doktor und ich, dass es uns schlecht geht, wenn man uns draufkommt. Also, wie ich schon sagte, es waren ja fast nur Parteibonzen im Haus. Aber als ich mir meine Fernsehantenne auf dem Dach einstellen wollte, konnte ich nur staunen. Wenn man am Plänterwald wohnt, weiß man ganz genau, dass das DDR-Fernsehen aus Adlershof kommt und vom Dach aus weiß man natürlich genau, wo Adlershof liegt. Doch ich war gezwungen, meine Antenne nach dem Westen auszurichten. Das musste ich tun, weil alle Antennen nach dem Westen ausgerichtet waren. Was waren das für Genossen?

Ich vermutete, dass sie alle dachten, ich sei bei der Stasi. Denn ich war der Einzige, der bei Staatsfeiertagen der DDR, und das waren nicht wenige, keine einzige Fahne in die vorhandenen Halterungen, an jedem Fenster eine, steckte. Wenn man vor dem Wohnblock stand, war mitten im Block eine freie Fläche. Zwar kamen jedes Mal Leute von der Nationalen Front, boten mir sogar an, uns die Fahnen zu leihen, doch bei mir nicht.

Nun zurück zu meiner Schwester und ihrem Mann und besagtem Nachmittag im Café. Nachdem wir vom Café Moskau heimkamen, ging das Gespräch über einen möglichen Versuch, die DDR zu verlassen, weiter. Da die beiden auch eine Familie hatten, schlug ich meinem Schwager vor, alles noch einmal genau zu überlegen, denn die Gefahr, verhaftet und eingesperrt zu werden, war sehr groß. Sollte er es dann immer noch wollen, sollte er uns im Brief einen Satz einfügen, der uns sagte: er macht es. Ich jedoch überdachte alle Möglichkeiten, die uns zur Verfügung standen. Als Versuch sollte er zu Weihnachten ganz normal aus Bayern durch die DDR nach Ostberlin einreisen. Ausreisen sollte er dann aber über Westberlin. Dazu brauchten wir eine Besuchererlaubnis für ihn und eine zweite für meinen Bruder, der auch mit Frau und Tochter in Bayern lebte. Die zweite Besuchserlaubnis sollte er bei seiner Einreise jedoch nicht vorzeigen. Er sollte in Ingolstadt den Einreisestempel von einem Freund, der eine Druckerei hat, nachmachen lassen. Und wenn er dann bei uns war, fälschten wir die nicht stattgefundene Einreise mit den notwendigen Stempeln. Natürlich musste er dann auch die Ausweise meines Bruders und seiner Frau mitbringen.

Weihnachten 1964 kamen sie, Schwester und Mann, zu uns zu Besuch. Wir besprachen alles sehr genau und sie reisten auch zur Probe über Westberlin durch die DDR aus. Der Grund für dieses Vorgehen war folgender: Alle Personen wurden beim Einreisen genauestens registriert. Doch alle Notizen lagen am Grenzübergang DDR-Sachsen, nicht aber an der Sektorengrenze Ost/Westberlin. Wenn es geklappt hätte, wären wir natürlich in Westberlin ausgestiegen, so dass er die DDR Richtung Bayern wieder verlassen konnte. Alles wurde vorbereitet, der Versuch sollte Ostern 1965 stattfinden. Was nicht eingeplant war, war Folgendes: Als unser Schwager Ostern kam, brachte er die notwendigen Stempel mit. Da stellten wir fest, dass die Schrifthöhe in dem Stempel statt Punkt 12 nur Punkt 10 war. Das heißt, wenn man auf einem Papier die Abdrücke verglich, erkannte man, dass unser Abdruck kleiner war als der offizielle Abdruck. Was tun? Nun, da wir uns schon indirekt in Gedanken verabschiedet hatten, schlug ich Folgendes vor: Mit der abgestempelten Besuchserlaubnis meines Schwagers und der von uns gefälschten gehe ich in das für uns zuständige Polizeirevier und melde uns an. Dort müssen dann nach Überprüfung die Ankunftsstempel von der Volkspolizei mit Uhrzeit und Datum eingedruckt werden. Ich gehe also als mein Bruder dorthin, um mir den Abfahrtsstempel für beide Formulare zu holen, da wir vielleicht am Feiertag abreisen würden. Wenn das klappt, ohne dass ich verhaftet werde, dann versuchen wir die Flucht zu Ostern.

Dazu muss vielleicht noch erklärt werden, warum wir alle zusammen den Versuch unternehmen wollten. Durch die Westpresse, Fernsehen, hatten wir wiederholt erfahren, wie von der DDR, oder besser gesagt, von Frau Honecker als Ministerin, verfahren wurde, wenn einem Ehemann die Flucht allein gelang, im Glauben, er dürfe später seine Familie zu sich in den Westen holen. Die zurückgebliebene Ehefrau wurde ganz einfach vor die Wahl gestellt: Sie durfte ausreisen, musste dann aber ein Schriftstück unterschreiben, in dem sie ihr Kind zur Adoption freigibt. Oder sie wurde sofort eingesperrt und man nahm ihr auch die Kinder weg. Das geschah auf Betreiben von Frau Honecker. Hunderte von Kindern wurden auf diese scheußliche Art und Weise ihren Eltern weggenommen und irgendwelchen Parteigenossen zur Adoption übergeben. Wenn wir aber zusammen erwischt werden würden, sperrten sie uns vermutlich für eine bestimmte Zeit ins Zuchthaus und unser Kind durfte für diese Zeit bei einem Verwandten bleiben. Kurz gesagt, die Chancen, zusammen in den Westen zu entkommen, waren bei diesem Vorgehen größer. Ich nahm also unsere beiden Aufenthaltserlaubnisse, also die meines Bruders und meiner Schwägerin, die Personalausweise, steckte meine Brille in die Tasche, denn mein Bruder trug keine Brille, und fuhr zur Anmeldung bei der Volkspolizei. Etwas befürchtete ich jedoch, denn wie schon erwähnt, war einer unserer Nachbarn ein Volkspolizist. Ich wusste nicht, in welchem Revier er beschäftigt war. Sollte er also dort, wo ich nun hinfuhr, beschäftigt sein und mich erkennen, dann würde ich einfach fragen, ob unser Schwager selbst zur Anmeldung kommen müsse. Die Befürchtung von mir bestand nun vor allem darin, dass er bei meinem Eintreten nicht zu sehen war, ich uns alle anmelde und dann kommt er aus irgendeiner Tür.

Ich versuchte es trotzdem. Von meiner Frau und Tochter verabschiedete ich mich, versprach, sofort, wenn es geklappt hat, anzurufen und dann begann die Fahrt zum Revier. Alles klappte sehr gut. Die Polizisten versuchten sogar, mit mir eine Diskussion über Bayern und Franz Josef Strauß zu beginnen, letztlich konnte ich noch ganz gut Bayerisch reden, keiner verstand mich und so ließen sie mich gehen. Vom nächsten Telefon rief ich zu Hause an, bis jetzt war alles in Ordnung. Am Ostersamstag versuchten wir dann den Übergang Heinrich-Heine-Straße zu passieren. In diese paar Worte verpackt klingt das natürlich leichter, als es wirklich war. Ich hatte eine Heidenangst, doch ich glaubte mich so verstellen zu können, dass man es mir nicht ansah. Innerhalb des Grenzüberganges lief die Fahrstraße in Schlangenlinie, damit niemand zum Beispiel mit einem LKW mit Vollgas durchbrausen konnte. Das war anfangs einigen geglückt. Das heißt also: Erste Kontrolle, dann 90° nach links, zirka 20 Meter nach rechts, wieder Kontrollposten und so ging es weiter, ungefähr sechs- bis achtmal. Da machten wir es so, dass ich erst mit meinen Papieren zur Kontrolle ging, zeigte mit der Hand zum Auto, in dem meine Frau und unsere zweijährige Tochter saßen, dann ging ich wieder zurück zum Auto und dann ging mein Schwager zur Kontrolle. Wir machten das getrennt, damit der Posten nicht beide Formulare nebeneinander vorliegen hatte. Übrigens, damit unsere Tochter nicht das Plappern anfing, hatten wir uns von einer befreundeten Kinderärztin ein Beruhigungsmittel für Kinder geben lassen und damit unsere Tochter etwas schläfrig gestellt. Wir kamen ohne Probleme durch alle Kontrollen, doch an der letzten Kontrollstelle, ein kleines Häuschen, mussten wir beide Formulare abgeben und dann passierte es: Es gingen plötzlich alle Sirenen an und unser Auto wurde von Polizisten mit schussbereiten Gewehren umstellt. Aus der Traum. Wir mussten das Auto verlassen und wurden sofort getrennt. Dann wurden wir bis zirka Mitternacht vernommen. Dazu muss ich noch Folgendes sagen: Am Abend vor unserem Fluchtversuch saßen wir stundenlang zusammen, um alle vielleicht entstehenden Probleme zu berücksichtigen. Dabei bestand ich darauf, dass, wenn wir verhaftet werden würden, alle auf die Frage, wer das vorgeschlagen hätte und wessen Schuld es letztlich sei, unbedingt mich nennen sollten. Weil: Meine Frau hatte ihren Vater noch in Ostberlin, ich hatte beide Eltern und meine Geschwister in Bayern. Also sprechen wir mit einer Zunge, wenn alle Schuld auf mich geschoben wird. Dadurch würden die Vernehmungen außerdem vielleicht etwas verkürzt. Ach ja, der Kommandeur der Grenztruppe bedankte sich bei mir mit dem Satz:»So habe es noch niemand probiert.«

Klartext, wenn wir getrennt versucht hätten, die Grenze zu passieren, wäre es ziemlich sicher gut gegangen. Doch davon hatten wir nun nichts mehr. Also, gegen Mitternacht wurde ich dann unter Bewachung durch die Volkspolizei zum Polizeipräsidium gefahren. Sie brachten mich in den 4. Stock, öffneten eine Tür und stießen mich hinein. Dort waren meine Frau und unsere Tochter. Die Kleine lief sofort zu mir, ich nahm sie auf den Arm und sie drückte mich. Da ging die Tür auf, ein Zivilist (Stasi) sagte zu meiner Frau:»Nehmen Sie das Kind sofort oder wir nehmen es!« Dann wurde ich in einen anderen Raum gebracht. Dieser Fehler der Polizei entstand, weil sie nicht wusste, was die Stasi wollte und machte. Dann wurde ich wieder stundenlang vernommen und so gegen 5.00 Uhr früh brachten sie mich mit einem innen völlig abgedunkelten Kleinlaster irgendwohin. Ich wusste zu dieser Zeit nicht, wo sich meine Frau aufhielt und was sie mit unserer kleinen Tochter machten. Es schnürte mir das Herz zusammen. Um mich machte ich mir keine Sorgen, aber um meine Familie.

Ich hatte keine Ahnung, wo wir uns befanden. Irgendwo hielten wir an, ich musste aussteigen, wurde in ein Gebäude geführt, dann einen Gang entlang, auf beiden Seiten gab es Türen mit Nummern. Sie öffneten dann eine dieser Türen, schoben mich hinein und schlossen sie hinter mir wieder zu. In diesem Raum, es war eine Gefängniszelle, befanden sich bereits drei Personen. Also, ich hinein, jemand schob mir einen Stuhl zu, ich fiel drauf und war fix und fertig. Da zogen die anderen drei Personen ihre Kleidung glatt und stellten sich wie folgt vor: »Gestatten Sie, mein Name ist Dr. S., CIA.«, … »Mein Name ist B., BND«, und der Dritte: »Mein Name ist G., BfS.« In der Annahme, dass sie mich verkohlen wollten, stand ich auf, verbeugte mich und sagte: »Angenehm, Brandt, Mörder!« Daraufhin erfuhr ich, dass sie mir die Wahrheit gesagt hatten. Der Doktor meinte: »Wenn Sie ein Mörder wären, würden Sie hier nicht einsitzen.« Auf meine Frage, wo, bitte, ich denn einsitzen würde, erhielt ich zur Antwort: »Sie sind hier bei der Stasi, in Hohenschönhausen.« Ich war völlig platt. »Was, um Himmels Willen, tue ich denn bei der Stasi?« Da sagten sie: »Nun erzählen Sie uns mal, was Sie gemacht haben, dann erklären wir Ihnen Ihre Anwesenheit hier.« So ging es dann weiter.

Nun zu den Zellen: Wir hatten ein Klobecken in der Zelle, aber keinen Wasseranschluss zum Waschen. Doch ich lernte sehr schnell, mich an den Tagesablauf zu gewöhnen. Also, in der Tür war zirka in Augenhöhe ein kleines Guckfenster, Durchmesser zirka sechs Zentimeter. Aber natürlich nur für eine Blickrichtung, von außen nach innen. Für den Fall, dass man etwas wollte, gab es ungefähr in 60 Zentimeter Höhe eine Klappe in der Tür, die sich von außen öffnen ließ. Wenn man also mit der Wache vor der Tür sprechen wollte, musste man sich weit hinunterbeugen. Der Wachposten vor der Tür stand ganz normal aufrecht. So, stellte ich mir vor, musste sich früher jemand bücken, wenn er mit einem Fürsten oder dem König sprechen wollte. Wo lebten wir hier eigentlich? Jeder in der Zelle hatte eine Plastikschüssel für zirka zehn Liter Wasser. Mir wurde von meinen Zellengenossen erklärt, morgens um 5.00 Uhr sei Wecken. Dann müssten wir alle schnell von der Pritsche hoch, zu dieser kleinen runden Wanne greifen und uns vor der Tür anstellen. Dann würde die Klappe geöffnet, die Soldaten würden einen an zwei Schläuchen angebrachten Wasserhahn durch die Klappe steckten und wir müssten, ohne dass der Wasserlauf von außen unterbrochen wurde, unsere Plastikschüsseln unterhalten. Wenn wir alle unsere Schüsseln voll hatten, hörte der Wasserlauf von außen auf. Nun mussten wir uns mit diesem Wasser waschen. Dann das Wasser in das Klobecken schütten, die Schüsseln sauber reiben und dann bekamen wir noch einmal Wasser. Dieses Wasser war für jeden für jeweils den ganzen Tag. Am nächsten Morgen, es war somit mein erster Morgen in der Zelle, stellte ich mich natürlich als Neuer auf die letzte Position. Da passierte dem Ersten ein Missgeschick, oder der Soldat hatte den Wasserhahn zu weit aufgedreht, der ganze Fußboden im Bereich der Innentür war patschnass. Nach einer halben Stunde kam die Zellenkontrolle, und da fing der Hauptmann an zu brüllen, als er die Wasserlache an der Tür entdeckte. »Die Schweine hier«, damit meinte er uns, »bekommen heute den ganzen Tag nichts zu essen. Bringen Sie ihnen zwei große Lappen und einen Eimer«, befahl er seinen Soldaten. Und dann sollten wir alles sauber und trocken machen. Na, ich war natürlich entsetzt über den Ton uns gegenüber. Doch ich dachte, der Schuldige, also der Soldat vor der Tür, würde dafür büßen. Im Laufe des Tages fragte ich meine drei Leidensgenossen, ob ich nicht am nächsten Morgen als Erster mit meiner Schüssel an die Zellentür gehen könnte. Sie stimmten zu und dann kam der nächste Morgen. Die Klappe wurde geöffnet, sie steckten den Wasserhahn durch und als sie dann den Hahn aufdrehten, klappte ich meine Schüssel hoch, so dass das ganze Wasser draußen auf den Gang plätscherte. Als dann die Zellenkontrolle kam, brüllte der Hauptmann wieder, der gleiche wie am Vortag, jetzt traf es jedoch seine Leute vor der Tür. Er schrie, dass alle am Wochenende nicht frei bekämen, sondern arbeiten müssten. Von diesem Tag an wurde bei der Zelle, in der ich war, der Hahn immer sehr vorsichtig aufgedreht. Man kann sich also auch im Gefängnis wehren.

Am nächsten Morgen wurde ich so gegen 6.00 Uhr früh zur Vernehmung geholt. Es war auf dem langen Flur immer so: Kam einem ein Häftling entgegen, so musste sich einer immer mit dem Gesicht zur Wand stellen. Ich kam in einen Raum, dort saß ein Major der Stasi. Er fragte mich nach meinem Namen. Ich antwortete und er ging zu einem Tresor und holte einen Ordner heraus, der war ziemlich dick. Ich meinte, dass das nicht mein Ordner sein könne, ich sei ja erst 36 Stunden hier. Als Antwort kam ein: »Halten Sie Ihre Schnauze!« Dann blätterte er den Ordner durch und fragte mich: »Was hier alles drin steht, reicht für 100 Jahre Zuchthaus, warum kommen Sie erst jetzt?« Ich fragte: »Was steht denn da alles drin?« Da las er mir vor, was er gerade aufgeschlagen hatte: »Ihr Professor hatte Ihnen einmal erklärt, was eine der großen Taten der SED 1945/46 gewesen war, sie schaffte es nämlich, alle Barone, Grafen und Fürsten aus ihren Schlössern zu vertreiben.« »Daran kann ich mich noch erinnern«, meinte ich. »Ja«, sagte der Major, »Ihr Name steht ja auch da drin. Sie sollen dann gesagt haben: Und dann seid ihr in diese Schlösser eingezogen. Es hat sich also für die Bevölkerung nichts geändert. Denn ob sie vor den Herren Grafen oder Ähnlichen einen Diener machen muss oder vor Herrn Ulbricht ...« Jedenfalls wurde mir von dem Major mitgeteilt, dass in diesem Ordner bestimmt 100 Jahre Zuchthaus drinsteckten. Und, ich muss sagen: Auf diesen Ordner war ich sogar stolz.

Nach zwei bis drei Wochen war mir das Organisationsschema der Haftanstalt klar. Am Ende des Flures war eine Stahltür, die man passieren musste, wenn es zur Vernehmung ging. Doch abgeholt wurde man nicht vom Vernehmer oder von einem der Soldaten, die uns bewachten, sie waren übrigens von einem Sonderregiment, sondern von irgendeinem Offizier. Diese wurden von den Häftlingen

Läufer genannt. Also, weder die Soldaten vor unserer Zellentür noch die uns vernehmenden Offiziere durften diese Tür passieren, sondern nur die Läufer. Als ich das herausfand, schlug ich meinen Zellenkollegen vor, ob wir nicht ein kleines Schachturnier durchführen wollten. Die Figuren stellten wir aus Casino-Zigarettenschachteln her, das Schachbrett zeichneten wir auf einen DIN-A4-Block, den man mir gegeben hatte und auf dem ich eigentlich von meinen Kollegen jeweils eine Personenbeschreibung erstellen sollte. Sie warnten mich, dass man uns das Spiel bestimmt wegnahm, wenn wir zur Freistunde alle die Zellen verlassen würden. Freistunde war wie folgt: Jeden Tag mussten wir für zirka 30 Minuten die Zellen verlassen und dann ging es nach draußen. Doch wer glaubt, draußen heißt ins Gelände, der irrt. Wir kamen in eine größere Zelle, über der jedoch kein Dach war, darüber lag ein Betonsteg, auf dem mehrere Soldaten mit Gewehren Posten schoben. Und während dieser Zeit wurden alle Zellen akribisch durchgeprüft und alles weggenommen, was verboten war. Ich wollte Folgendes probieren: Ich legte das Schachspielpapier nebst Figuren offen auf den Tisch. Daneben lag ein Schreiben von mir an die Genossen, die unsere Zelle durchsuchten. Ich teilte ihnen mit, dass dieses kleine selbst gefertigte Schachspiel ausdrücklich vom Vernehmer erlaubt sei. Sie möchten doch im Zweifel den Läufer bitten, den Vernehmer zu fragen. Nach meiner Schätzung würde jeder Soldat sagen: »Stell dir vor, das stimmt und wir schicken einen Offizier umsonst zu einem anderen Offizier, dann gibt es für uns Ärger.« Wir machten also das Schachspiel und ich schrieb diesen Brief an die Soldaten und als wir nach der Freistunde wieder in die Zelle kamen, lag alles noch da und wir hatten ab sofort etwas, das uns von unseren vielen schweren Gedanken ein wenig ablenkte.

Doch nun noch einmal zu diesem Block, in dem ich über meine Kollegen schreiben sollte. Als Vorgabe war angegeben: Name, Beruf, Posten, Hobbys, Einstellung zur Politik allgemein und dann speziell zur DDR. Na, ich sage euch, wie und was ich geschrieben habe. Als mein Vernehmer, inzwischen ein Oberleutnant, die ersten Beschreibungen las, flippte er aus. Ich hatte zuerst über die zwei Kollegen geschrieben, mit denen ich zusammen gesessen hatte. Und zwar ungefähr so: Name: ... , Posten: weiß ich nicht, Beruf: nicht sicher, Hobbys: Angeln oder Radfahren, Einstellung zur Politik: sehr gut, zur DDR: keine Ahnung, größter Wunsch des einen Kollegen: in zwei Jahren in Rente gehen und dann nach Westberlin ziehen. Er hatte vor dem Bau der Mauer 30 Jahre lang bei Siemens gearbeitet. Ob ich glaubte, er sei ein Idiot, fragte mich der Vernehmer. Nach meiner Meinung musste er das sein, sonst hätte er mir gar nicht erst diese Aufgabe gestellt. Doch er sagte, wenn ich wenigstens über einen Kollegen oder vielleicht Chef etwas Ehrliches schreiben würde, dann sei das andere vergessen. Nun, das sollte er von mir bekommen. Wir hatten bei Berlinprojekt einen neuen Stellvertreter bekommen, der ein Jahr später den amtierenden Abteilungsleiter, der dann in Rente ging, ablösen sollte. Dieser Mann war nicht nur ein SED-Mitglied, sondern auch noch Vorsitzender der Gesellschaft für Freundschaft mit der UdSSR für Ostberlin, genannt

Deutsch-Sowjetische Freundschaft. Wie bereits auf einer anderen Seite bemerkt, hielt ich absolut nichts davon. Über diesen Mann schrieb ich mit Wonne: Als er bei Berlinprojekt anfing, wollten wir, die Kollegen für Elektro, feststellen, ob er nur Parteifunktionär oder tatsächlich, wie behauptet, Elektroingenieur war. Eine seiner Aufgaben war es, von uns erstellte Elektropläne auf ihre Richtigkeit zu überprüfen und danach zu unterzeichnen. Nun, ich arbeitete zu der Zeit gerade an den Schaltplänen für eine Trafostation. Wir ließen von der technischen Zeichnerin eine Änderung einzeichnen. Wenn danach jemand den Hauptschalter dieser Trafostation einschaltete, würde die ganze Station in die Luft gehen. Ich ging mit diesem Plan und der Bitte um Überprüfung und Unterschrift zu ihm. Er überprüfte alles genau und unterschrieb und sagte noch dazu, alles in Ordnung. Vor seiner Tür standen inzwischen zirka zehn Kolleginnen und Kollegen. Ich kam heraus und sagte leise: »Leute, der hat von Elektro keine Ahnung.« Natürlich löschten wir den Fehler danach wieder und brachten den Schaltplan in Ordnung. Doch danach wusste jeder: Der ist hier nur durch Partei reingekommen. Des Weiteren schrieb ich über ihn, auch das entsprach der Tatsache, dass er nicht die Fähigkeit besessen hatte, die man von einem Mann in seiner Position verlangen könnte. Bei Diskussionen führten wir ihn mit wenigen Worten in eine so schlechte Position, dass nur noch über ihn gelacht wurde. Ein Beispiel: Er hielt eine Personalversammlung mit zirka 65 Personen ab, in der er uns vorwarf, dass niemand aus seiner Abteilung in der Gesellschaft für deutsch-sowjetische Freundschaft sei. Er meinte, es gäbe nur zwei Möglichkeiten: Entweder ist man für diese Freundschaft oder dagegen. Schon war er wieder ins offene Messer gelaufen. Ich fragte ihn dazu: »Was haben Sie eigentlich gegen die Polen, Bulgaren, Tschechoslowaken und Rumänen? Sie haben also nur Freundschaft mit der UdSSR und alle anderen östlichen Länder sind Ihre Feinde?« Die ganze Abteilung lachte. Er war offensichtlich nicht fähig, uns seine politische Überzeugung nahe zu bringen. Das war meine ehrliche Meinung und diese akzeptierte auch der Vernehmer. Nun ließ er mich in Ruhe.

Meine Frau saß auch in diesem Lager der Stasi. Ich sah sie erstmals an meinem Geburtstag am 12.06.1965 wieder. Ich wurde zum Vernehmer gebracht und dort traf ich sie. Unsere Tochter, zwei Jahre und acht Monate alt, wurde von der Stasi und meiner Frau noch in der Nacht der Verhaftung nach Bestensee gebracht, zu einem Onkel von mir. Dieser war nach Kriegsende in die SPD eingetreten und so kam er 1946, als sich die KPD auf Anweisung der SU die SPD einverleibte, in die SED. Er war Rektor einer Hauptschule und daher durfte er unsere Tochter aufnehmen. Im August wurden wir also aus unseren Zellen geholt und nach Adlershof gefahren. Dort fand dann die Gerichtsverhandlung statt. Mein Schwager aus Bayern hatte natürlich einen Anwalt, wir nicht. Dies war eine der ersten öffentlichen Gerichtsverhandlungen. Ach, und, beinahe hätte ich es vergessen, ein oder zwei Wochen vorher wurde ich zu einem Staatsanwalt gebracht. Er bot mir zwar einen Stuhl an, aber ich blieb stehen. Er übergab mir die Anklageschrift und teilte mir den Termin der Verhandlung mit. Zurück in meiner Zelle studierte ich die Anklageschrift und stellte fest, dass sie nur so von Rechtschreibfehlern durchsetzt war. Ich machte mir die Mühe, alle Fehler zu suchen und anzustreichen. Es waren genau 59 Fehler. Aber auf keinen Fall Tippfehler. Nun, ich schrieb darunter:

Fehler = 59
Inhalt = 6
Urteil = 6

Ich wusste schon längere Zeit, dass verdiente Parteigenossen in Bernau in der Hochschule der Gewerkschaften in relativ kurzer Zeit akademische Titel erwerben konnten. Na, Mahlzeit, und so einer war mein Staatsanwalt. Nun, im August fuhren wir also zum Gericht. Der Zuschauerraum war gesteckt voller Leute. Doch zu meinem Entsetzen saßen mehrere ehemalige Studienkollegen in der 5. oder 6. Reihe nebeneinander, und was noch schlimmer war, neben ihnen saß mein Vernehmer, der Oberleutnant in Zivil und so weit ich sehen konnte, trug er auch kein Parteiabzeichen an der Jacke. Mir war sofort klar, ich musste mir etwas einfallen lassen, um sie zu warnen. Der Richter erklärte uns, worum es ging. Als er uns fragte, ob wir zu den Vergehen etwas zu sagen hätten, fragte ich ihn, ob er wüsste, dass laut Verfassung der DDR jeder Bürger der DDR das Recht hätte, seinen Wohnsitz innerhalb der Grenzen von Deutschland 1936 zu verändern. Der Richter erwiderte, wir stünden ja nicht deswegen vor Gericht, sondern wegen Urkundenfälschung. Er sah, dass ich darüber lächeln musste und fragte ganz böse, was es da zu lachen gäbe. Ich antwortete, wenn jemand eine Pistole stehlen und damit eine Menschen erschießen würde, so käme er doch nicht wegen Diebstahl einer Pistole, sondern wegen Mord oder Totschlag vor Gericht. Als Antwort erhielt ich meine erste Ordnungsstrafe in Höhe von 50,- Mark. Es sollte noch mehr hinzukommen. Der Staatsanwalt hielt eine Rede und warf mir vor, ich hätte bei der Planung unserer Flucht diverse Möglichkeiten durchdacht, er nannte einige davon, die hatte ich alle bei den wochenlangen Vernehmungen in der Zelle angegeben. Doch eine dieser Ideen war reine Phantasie. Und zwar: Wir hatten in der Nähe des Plänterwaldes gewohnt, in dessen Mitte gab es einen großen freien Platz. Von unserem Balkon konnten wir nach Tempelhof rüberschauen, wo die uns überfliegenden Maschinen landeten und starteten. Ich hatte meinem Vernehmer erzählt, dass es natürlich am schönsten gewesen wäre, wenn uns die Amis mit einem Hubschrauber abgeholt hätten. Diese Möglichkeit ließ der Staatsanwalt jedoch aus. Da schaltete ich ganz schnell und sagte zu den Vorwürfen des Staatsanwaltes, dann müsse er mir auch diese Möglichkeit mit dem Hubschrauber vorwerfen, und falls er das nicht glaube, solle er doch den Oberleutnant, der mich vernommen hätte, fragen, er säße dort in der 5. oder 6. Reihe, ich zeigte mit dem Finger auf ihn.

Meine Studienfreunde erzählten mir später, sie hätten von diesem Moment an nur noch über das Wetter geredet, und nach einiger Zeit sei der Oberleutnant aus dem Saal verschwunden. Doch nun zurück zum Prozess. Nach allen Vernehmungen bat der Richter den Staatsanwalt, mit seinem Plädoyer zu beginnen. Sein Text kam mir sehr bekannt vor. Ich holte die Anklageschrift des Staatsanwaltes aus meiner Jackentasche und las halblaut mit, wobei ich mit dem Finger immer an den Zeilen entlang rutschte. Nach einer Weile unterbrach der Richter den Staatsanwalt und fragte mich, was ich denn da in meinen Händen halten würde. Ich antwortete ihm, dass sei das Plädoyer des Staatsanwaltes. Er sagte, das sei unmöglich, denn ein Plädoyer sei doch der Inhalt einer Verhandlung. Er forderte einen der Soldaten auf, er möge ihm das Papier bringen. Und auf diesem Papier standen auch meine angestrichenen Rechtschreibfehler sowie meine Unterschrift und die Benotung. Er nahm also die Blätter, las sie durch und sagte schließlich zu dem Staatsanwalt, nach Abschluss dieses Prozesses möge er ihm das doch genau erklären. Zu mir sagte er nur: »Angeklagter, Sie wissen Bescheid, 50,- Mark Ordnungsstrafe.«

Der Staatsanwalt beantragte für mich zwei Jahre Zuchthaus und für meinen Schwager ein Jahr und zehn Monate. Als der Staatsanwalt fertig war, fragte mich der Richter: Na, Angeklagter, Sie haben das letzte Wort, wie viel soll ich Ihnen denn geben?« Ich antwortete ihm: »Sie haben gar keine Möglichkeit, mir etwas anderes zu geben, denn Sie haben den gleichen Parteisekretär und müssen dem Staatsanwalt genau folgen, wenn Sie keinen Ärger haben wollen!« Da erhielt ich meine letzte Ordnungsstrafe. Ich glaube mich zu erinnern, dass es insgesamt neunmal 50,- Mark waren. Meine Frau sollte zehn Monate auf Bewährung erhalten. Wir verabschiedeten uns voneinander und ich musste wieder in meine Zelle. Dabei ging mir durch den Kopf, wie man mich einmal von Mitte Juni bis Mitte August acht Wochen bis zum Prozess in eine Einzelzelle gesperrt und kein Mensch mit mir gesprochen hatte, auch nicht die Posten vor der Tür. Was hätte ich tun sollen? Natürlich hatten sie darauf gewartet, dass ich durchdrehe und schreie oder so. Doch da waren sie bei mir an den Falschen geraten. Ich versuchte mein Gehirn voll zu belasten. Ich machte in Gedanken Rechenaufgaben, versuchte, mich mit mir selbst auf Englisch zu unterhalten und Ähnliches. Des Weiteren bewegte ich mich sehr viel, ich machte Liegestütze, Kniebeugen und andere Körperübungen. Dadurch war ich, als der Prozess anfing, voll auf der Reihe.

Doch nun noch einmal zurück zu meinem Ordner, den mit den 100 Jahren Zuchthaus und so weiter. Ich konnte nie meinen Mund halten, wenn ein politischer Redner Blödsinn erzählte. Ich denke zurück an meine Zeit in Berlin-Buch in der DAdW. Dorthin kamen zu irgendwelchen politischen Themen immer nur Minister, einmal war auch eine hohe Ministerin dabei. Sie hielt einen Vortrag über so genannte Agenten der BRD, über die gerade in Berlin das Oberste Gericht saß. Das diese lebenslänglich kriegen müssten, war ihrer Meinung nach ganz klar. Als nun Diskussionsbeiträge gefragt wurden, stand ich auf und fragte diese Frau, wenn wir diese Leute gekriegt hätten, müssten wir doch auch Agenten in der BRD haben. Wenn nun einer unserer Agenten dort verhaftet und verurteilt werden würde, würden Sie auch dann ein Lebenslänglich als »in Ordnung« bezeichnen? Es gab einen Riesenapplaus, aber sie stand auf und rief laut, die Diskussion sei beendet und dem jungen Mann, ich war zu der Zeit etwa 25, 26 Jahre alt, möchte sie sagen, dass es doch wohl ein Unterschied sei, ob man für den Frieden oder für den Krieg Spionage betreibe.

Oder: Einmal kam der Außenminister der DDR zu uns in den großen Hörsaal und erklärte uns, warum die DDR vor der UN eine Beschwerde gegen die BRD vorbrächte, nämlich weil sie Westberliner Bürger in die Bundeswehr aufnehmen würde. Ich fragte, mit welchem Recht dies vorgenommen worden sei. Er erklärte uns lang und breit, dass Berlin-West ja nicht zur BRD gehören würde, gemäß des Viermächteabkommens der UdSSR, USA, Großbritanniens und Frankreichs. Meine nächste Frage lautete: »Warum ist dann Ostberlin nicht dabei? Denn schließlich betrifft das Viermächteabkommen ganz Berlin, also auch Ostberlin, in Ostberlin sind sogar Kasernen der Volksarmee.« Seine Antwort war: »Das hat uns die UdSSR erlaubt.« Ich fragte nur: »Und warum wollen Sie den anderen Siegermächten verbieten, mit ihrem Teil von Berlin nicht genauso zu verfahren? Und dann möchte ich Sie, Herr Minister, aufklären, was Westberlin betrifft.« Seine Rückfrage: »Und was wäre das?« Ich erklärte ihm dann, dass Westberlin noch nie auf dem Gebiet der DDR gelegen hätte. Denn es hätte Westberlin schon gegeben, als es noch keine DDR gab. Wenn überhaupt, dann läge die DDR im Gebiet Westberlins. Ein Riesenbeifall im Hörsaal. Dann seine Antwort: »Der junge Mann ist zwar ein sehr guter Rhetoriker, doch wenn er so weiterdiskutiert, dann kommt einer von uns beiden in große Schwierigkeiten.« Im Saal wurde gepfiffen und der Minister verließ uns ganz schnell.

Nun wieder zurück zu unserer Haftzeit bei der Stasi. Ich wurde also zu zwei Jahren Zuchthaus verurteilt, meine Frau erhielt zehn Monate auf Bewährung. Gegen dieses Urteil hatte der Staatsanwalt Einspruch eingelegt. Mein Schwager sollte ein Jahr und zehn Monate in Haft bleiben. Ich kam also ins so genannte Lager X in Hohenschönhausen. Wir waren zwölf Häftlinge in einer Zelle und schliefen in vier Hochbetten, jeweils drei Betten übereinander. Unter mir im Parterre lag ein älterer Rentner. Als ich ihn des Nachts weinen hörte, kletterte ich hinunter und da erzählte er mir seine Geschichte: Er war Dorfschmiedemeister in einem Dorf in Brandenburg gewesen. Er und seine Schmiedekollegen aus den anderen Dörfern trafen sich sonntags öfters in einem Wirtshaus. Da wurde viel erzählt. Einmal hatten sie über die durchreisenden russischen Soldaten diskutiert. Dann wetteten sie, durch welches Dorf die meisten fahren würden. Kurz gesagt, jeder sollte sich notieren, wenn LKWs durchkamen und wie viele es waren. Wer dann in seinem Dorf die meisten zählt, hatte gewonnen. Er wurde kurz danach mit seiner Frau verhaftet und sie wurden wegen angeblicher Spionage jeweils zu lebenslanger Haft verurteilt.

Am nächsten Tag zeigte er mir Bilder seiner Enkelkinder, die er noch nie persönlich gesehen hatte. Seine Frau durfte er einmal im Jahr für eine halbe Stunde sehen und mit ihr sprechen. Er war zu der Zeit schon mehrere Jahre im Zuchthaus. Die beiden waren bereits im Rentenalter. Er sagte, was genau Spionage sei, wisse er eigentlich nicht, denn sie hatten die notierten russischen Kolonnen niemandem gezeigt. Doch so war das Regime nun einmal. Mir kam schon des Öfteren die Frage in den Sinn, worin sich eigentlich diese Diktatur von der Hitler-Diktatur unterschied.

Und wie ging es für meine Frau und mich weiter? Dass der Staatsanwalt gegen das Urteil meiner Frau Berufung einlegte, war im Nachhinein für uns ein Glücksfall. Denn anschließend wurden meiner Frau nach dem Urteil zur Bewährung unsere Privatsachen aus der Asservatenkammer in die Zelle gebracht. Dort blieb meine Frau mit all unseren Sachen, bis wir in den Westen verkauft wurden. Ich arbeitete in diesem Lager als Projektant für Elektro. Wir waren im Büro vier Personen, einer war Architekt, einer kam aus dem Tiefbau und der Vierte war technischer Zeichner. So ging Woche für Woche dahin. Doch im November hieß es, es würden wieder Leute verkauft. Eines Tages ging unser Büro auf, zwei Soldaten mit Gewehren riefen mich raus, ich sollte mitkommen. Wir stiegen in einen kleinen Autobus und fuhren in die Stadt. Dort wurde ich in das Zuchthaus Magdalenenstraße gebracht. Wir waren sechs Häftlinge in dieser Zelle. Alle anderen, sie waren zum Teil schon jahrelang in Haft, vermuteten, jetzt ginge es ab in den Westen. Und lagen richtig. Einzeln wurden wir aus der Zelle geholt. Einer von uns sechs sagte, er würde es ablehnen in den Westen zu gehen, da er seine Frau und Kinder nicht allein lassen könne. Auch ich wurde zu einem Staatsanwalt gebracht. Er bot mir an, ich könne sofort, wenn ich zusagen würde, in die BRD übersiedeln. Ich fragte: »Und meine Frau?« Er bot mir an, mich mit meiner Frau zusammenzubringen und danach sollten wir uns entscheiden. »Wenn Ihre Frau auch zusagt, können Sie beide sofort

übersiedeln«, sagte er. Unsere Tochter käme dann nach.
Als ich in die Zelle zurückkam, fehlte der eine Häftling,
der vorher schon gesagt hatte: nicht ohne meine Familie.
Aber weil meine Frau auch in Haft war, wäre es bei mir
anders. Gesagt, getan, man steckte mich in den nächsten
Tagen mit meiner Frau in eine Zelle. Dort versuchte ich
den ganzen Tag, meine Frau zu überzeugen, dass wir gar
keine andere Chance hätten, als den Vorschlag des Staatsanwaltes anzunehmen und auszureisen. Natürlich wollte
meine Frau ohne unsere Tochter nicht weggehen. Doch
wie sahen unsere weiteren Möglichkeiten aus? Sagten wir
nein zu dem Vorschlag, dann müsste ich meine zwei Jahre
Zuchthaus absitzen und meine Frau ziemlich sicher ihre
zehn Monate und dann konnte es passieren, dass sie uns in
dieser Zeit unsere Tochter wegnahmen. Gingen wir beide
jetzt in den Westen, hätten wir die Möglichkeit, von dort
aus dafür zu kämpfen, dass wir unsere Tochter zurückbe-
kämen. Übrigens, auch das musste bedacht werden, wenn
ich nach zwei Jahren entlassen worden wäre, hätte ich mit
der niedrigsten Lohngruppe und dem schlechtesten Arbeitsplatz irgendwo wieder angefangen, und dasselbe hätte
auch für meine Frau gegolten. Warum? Na, Sozialhilfe gab
es in der DDR nicht. Einem Studienkollegen war es so
ergangen. Seine Frau musste in der Zeit für sich und zwei
Söhne arbeiten gehen. Das Gemeinste daran war, keiner
wollte sie anstellen. Hätte ihr Mann irgendein kriminelles
Verbrechen begangen, sie hätte sofort Arbeit bekommen,
doch Ehefrauen von politischen Häftlingen bekamen so
gut wie nie eine Anstellung. Ich versuchte damals ihr und
ihren Kindern zu helfen, indem ich Geld sammelte und es

ihr heimlich in den Briefkasten steckte. Und ich schaffte es, ihr eine Arbeit zu besorgen. Ich kannte eine kleine Privatfirma, die für uns E-Verteilungen fertigte. Meine Fragen dort führten zum Erfolg, sie bekam eine Arbeitsstelle. Aber wieso war ihr Mann überhaupt in Haft? Er hatte bei einer Feier in seiner Firma auf die Spaßfrage »Wie bekommen wir zusätzlich Arbeitskräfte?« geantwortet: »Löse die Volkskammer auf und schicke alle zum Arbeiten.« Dafür bekam er zwei Jahre. Doch das Schlimme daran war: Er wusste nichts davon. Er ging ein paar Tage nach dieser Firmenfeier ganz normal morgens aus dem Haus und als er die Straße entlangging, hielt ein PKW neben ihm, zwei Männer sprangen heraus, zerrten ihn ins Auto und er war verhaftet. Nullkommanichts fand er sich im Gefängnis in Brandenburg wieder. Seine Frau hatte keine Ahnung, wo er war. Erst nach seiner Verurteilung erhielt sie ein Schreiben, in dem ihr dieser Sachverhalt mitgeteilt wurde. Und das war normal in der DDR.

Zurück zu meiner Frau, nach stundenlangen Diskussionen in der Zelle sah sie schließlich ein, dass wir keine andere Möglichkeit hatten, als den Vorschlag, in die BRD überzusiedeln, anzunehmen. Natürlich wurden wir dann wieder getrennt und jeder in seine Zelle gebracht. Am nächsten Tag führte man mich wieder zu dem Staatsanwalt und ich sagte ihm, wir seien einverstanden. Ich kam wieder ins Lager X und meine Frau in ihre Zelle in Hohenschönhausen. Bereits drei Wochen später wurden wir ganz früh, gegen 6.00 Uhr, in einen Autobus gesteckt. Ich weigerte mich einzusteigen, da ich meine Frau noch nicht gesehen hatte, doch dann kam sie und wir stiegen zusammen ein und der Bus fuhr los. Auf der Autobahn hielt der Bus beim nächsten Parkplatz an. Dort stiegen die Soldaten und Leute von der Stasi aus und in einen Kleinbus ein. Aus einem Mercedes, der ebenfalls auf dem Parkplatz stand, stiegen vier Herren aus und zu uns in den Bus ein. Als der Bus wieder losfuhr, stellten sie sich vor. Es waren Anwälte aus Westberlin. Sie begrüßten uns und erklärten uns, dass sie von jedem die Personalien und Informationen über unsere Haftstrafe sowie Angehörige, die zurückgelassen worden seien, bräuchten. Es wurde alles aufgeschrieben, natürlich auch die Personalien unserer Tochter, die mittlerweile drei Jahre alt war. Nach ein paar Stunden hielt der Bus wieder an irgendeiner Autobahnraststätte, die Anwälte stiegen in ihr Auto, das die ganze Zeit hinterhergefahren war, und die Soldaten stiegen wieder ein. Das ging so bis kurz vor der Grenze, wir fuhren in Richtung Gießen. Dann fuhr unser Bus in Sichtweite des Grenzüberganges von der Autobahn ab und bog in einen Waldweg ein, der Wagen mit den Anwälten fuhr zum Grenzübergang. Zirka 20 Minuten später kam von dort ein Bus, der zu uns in den Waldweg fuhr und zirka zehn Meter vor unserem Bus anhielt. Nun stiegen die bewaffneten Soldaten aus und bildeten einen von zwei Seiten durch sie abgesperrten Gang von einem zum anderen Bus. Natürlich konnte ich nicht durch diesen Gang gehen, ohne etwas zu diesen Soldaten zu sagen. Ich sagte:»Warum bewacht ihr uns denn noch? Sagt doch einfach: Raus aus dem Bus und lauft zur Grenzstelle, die ist ja schon zu sehen. Hier läuft euch doch keiner mehr weg.« Alle mussten lachen, die Soldaten waren sauer.

Und so fuhren wir mit dem Westbus langsam durch die Grenzstelle, ohne zu halten. Als wir im Westen waren, ging im Bus ein lauter Jubel los. Wir waren in der Freiheit. Wir wurden nach Gießen in ein Flüchtlingslager gebracht. Dort wurden wir in Zimmer eingewiesen, und hier wurden Eheleute nicht mehr getrennt. Wir mussten dann alle zu einer Vernehmung. Wir sollten Namen, Alter, Haftgrund, alles, was wir sonst von anderen Häftlingen wussten, nennen. Später wurde uns klar: Die DDR verkaufte Häftlinge, aber die BRD musste die Anzahl sowie die Namen der freizukaufenden Häftlinge nennen. Schon im Bus wurde ich gefragt: Wie viel Jahre hattest du? ... Was, nur zwei Jahre? ... Fast alle hatten lebenslänglich. ... Wie bist du frei gekommen? ... Ich wusste es nicht. Doch einer der Anwälte sagte im Bus zu mir, der evangelische Bischof aus Bayern hätte uns auf die Liste setzen lassen. Als wir Tage später nach Ingolstadt kamen, erfuhr ich, dass mein Vater den Herrn Bischof persönlich kannte und ihn gebeten hatte, uns auf die Liste setzen zu lassen. Nach zwei oder drei Tagen in Gießen bekamen wir dann unsere Fahrkarten und fuhren mit dem Zug nach Ingolstadt. Dort wurden wir am Bahnhof bereits erwartet. Später erfuhren wir auch, dass mein Schwager bereits seit einer Woche wieder frei war.

Wir kamen also im Dezember 1965 nach Ingolstadt, leider ohne unsere Tochter. Im Januar 1966 fing ich bei einer Raffinerie als Leiter der Endstation an. Wir zogen zunächst in eine möblierte Dreizimmerwohnung. Wir hatten ja bei unserem Eintreffen in Ingolstadt nur zwei kleine

Koffer, hauptsächlich mit Sommersachen, dabei. Große Koffer wären für einen Osterurlaub bei unserer versuchten Flucht zu sehr aufgefallen. Ich war täglich lange dienstlich unterwegs. Ich fuhr im Jahr so zirka 50000 km. Dadurch war meine Frau leider oft allein, auch mit ihrer Sorge um unsere Tochter. Doch Anfang August 1966 erhielten wir einen Kurzbrief von einem bekannten Rechtsanwalt aus Berlin. Da stand wie folgt drin: Bitte warten Sie am 3. August um 10.00 Uhr vormittags vor dem U-Bahnhof Uhlandstraße. Ich flog natürlich rechtzeitig hin, stand da und auf einmal kam ein Mercedes, hielt an, ein Mann stieg aus und fragte mich, wer ich sei. Ich nannte meinen Namen und er stellte sich als der besagte Rechtsanwalt vor, öffnete die Hintertür und ließ meine Tochter aussteigen. Dann holte er noch ihre Tasche heraus, verabschiedete sich von mir und fuhr fort.

Da stand ich nun vor meiner Tochter. Als sie uns weggenommen worden war, war sie zwei Jahre und acht Monate alt, jetzt war sie vier Jahre alt. Sie fragte mich natürlich: »Wer bist du?« Ich sagte wahrheitsgemäß: »Dein Vater.« Da winkte sie ab und meinte: »Mein Vater sieht ganz anders aus.« Na, dachte ich, das wird für meine Frau noch schwerer sein. Kurz gesagt, wir fuhren zum Flugplatz und flogen mit der nächsten Maschine nach München und von dort ging es mit dem Auto nach Ingolstadt. Im Auto erzählte sie mir dann von ihren Eltern und ihrem Bruder in Bestensee, das waren mein Onkel und seine Frau mit Sohn. Nun, wir kamen in Ingolstadt an und auch ihre Mutter erkannte sie nicht mehr. Wir hatten für sie ein Kinderzimmer eingerichtet. Es folgte eine sehr schwere

Zeit für meine Frau. Wir wohnten zu der Zeit in einer kleinen Straße, in der nur Ein- und Zweifamilienhäuser standen. In der nächsten Zeit mussten wir uns also neu kennen lernen. Einmal kam ich von der Arbeit, meine Frau weinte und zeigte auf das Kinderzimmer. Ich ging hinein und da war meine Tochter dabei, ihre Tasche zu packen. Sie sagte, sie möchte wieder zu ihren Eltern zurück. Nun, auch das ging vorbei. In den nächsten vier Wochen kamen immer wieder Nachbarn aus der Straße, die sich beschwerten, weil unsere Tochter ihre Kinder geschlagen hatte. Nun, nachdem fast alle Eltern der Straße bei uns waren, stellte ich meiner Tochter die Frage: »Sag mal, warum schlägst du denn die anderen Kinder?« Sie überlegte einen Moment, dann sagte sie zu mir im reinsten Berliner Dialekt: »Also, pass ma uff, ick hab die nich vastandn, da hab ick ihnen n paar jefeuert.« Da kam es mir, natürlich, wir waren ja in Bayern. Meine Frau hatte auch immer noch Probleme die Leute zu verstehen. Also, was blieb mir übrig? Wir kauften einen Karton mit Bonbontüten, gingen mit unserer Tochter am nächsten Tag von Haus zu Haus, verteilten die Bonbons und entschuldigten uns. Zum Glück wurde es mit der Zeit besser. Als wir dort ein Jahr später wegzogen, hatte sie auch schon mit einigen der Kinder Freundschaft geschlossen und so langsam kamen auch ein paar Erinnerungen an uns zurück. Sie entschied sich dann irgendwann Mama und Papa zu uns zu sagen.

Wir zogen in das Nordwestviertel in Ingolstadt, in einen Wohnblock in den 3. Stock. Es waren vier Zimmer mit

Bad und Balkon. Natürlich hatten wir im ersten Jahr gespart, doch wir brauchten ja auch Kleidung. Wir hatten keine Winterkleidung und auch sonst kaum Kleidung. Also, wir konnten immer nur Zimmer für Zimmer einrichten. Doch Stück für Stück kauften wir uns die notwendigen Möbel und machten die Wohnung im Laufe der nächsten Jahre schön wohnlich. Wir wurden wieder eine richtige Familie in einer schönen Wohnung. Dort wohnten wir von 1967 bis 1977. Dann zogen wir zur Miete in ein Reihenhaus, in dem wir uns leider nicht wohl fühlten. 1985 zogen wir dann in ein schönes Reihenhaus in das Südwestviertel mit einem sehr anständigen Vermieter und waren dort glücklich. Aber, und das schreibe ich mit Stolz, das Wichtigste, was ich habe, ist meine Familie: eine sehr liebe und verständige Ehefrau, eine sehr liebe Tochter. Des Weiteren habe ich eine nun schon 15 Jahre alte hübsche Enkeltochter und auf alle drei weiblichen Wesen in meiner Familie bin ich stolz. Und ich bin glücklich, dass wir so gut zusammen leben können.

Doch nun etwas ganz anderes. Wenn man so lange lebt, kommt man sicher nicht ohne Krankheiten aus. Das erste Mal kam ich aber nicht wegen Krankheit in ein Krankenhaus, sondern wegen eines Unfalles, in Berlin-Buch. Bei meiner Heimfahrt von der Arbeit in Buch fuhr ich auf einen PKW auf, der genau vor dem Hufeland-Krankenhaus stehen blieb, weil er dort hineinfahren wollte. Laut Polizeibericht machte ich einen »Freiflug« von 17 Metern. Warum, um alles in der Welt, ich auf den vor mir fahrenden PKW fuhr? Na, ich hatte noch einen Kollegen hinter mir auf dem Soziussitz, und auf der Straßenseite, links von uns, ging eine junge, hübsche, blonde Frau, eine Kollegin aus dem Institut, vorbei. Wir schauten natürlich beide zu ihr hinüber und grüßten. Dabei übersah ich, dass der vor uns fahrende PKW links blinkte und abbremste, um am Eingangstor des Krankenhauses zu stoppen. Doch nicht nur ich lernte dieses Krankenhaus von innen kennen. Drei Jahre später wurde dort unsere Tochter geboren. In dem PKW, auf den ich auffuhr, saß glücklicherweise ein Arzt, der mich sofort behandelte. Ich hatte genau fünf Knochen meines linken Beines gebrochen, zweimal das Schienbein, zweimal das Wadenbein und einmal den Oberschenkelknochen. Ich lag bis kurz vor Weihnachten im Krankenhaus. Ich hatte das Pech, dass es nur eine Normal-Chirurgie war, jedoch keine für Beinbrüche. Als ich das erste Mal eingegipst werden sollte, lag ich auf dem Tisch, mein rechtes Bein wurde ausgestreckt und mein linkes Bein daneben gelegt und dabei gezogen, um die Bruchstelle etwas zu dehnen. Dass so etwas nicht schmerzlos abgeht, sollte klar sein. Die Ärzte sagten dann, jetzt könnten sie mir den Gips anlegen, taten das und dann wurde ich geröntgt. Dabei stellten sie fest, dass einige Bruchstellen statt nacheinander, leider übereinander lagen. Also: wieder rein in den OP, Gips ab, Bein noch mehr gezogen, von mehreren Schwestern, dann wieder Gips dran, dann wieder röntgen. Jetzt hatten die Bruchstellen einen zu großen Abstand. Wieder in den OP … und so weiter. Danach musste ich dann liegen und liegen. Übrigens, meine Frau hatte nach meinen Unfall Besuch von der Polizei. Sie erzählten ihr von meinem

Unfall. Als meine Frau zusammenschreckte, sagten sie, sie bräuchte keine Angst zu haben, ich würde ja noch leben. Na, das beruhigte sie sehr. Natürlich besuchte sie mich sofort.

Mein Motorrad verkaufte ich noch vom Krankenhaus aus an einen Kollegen. Apropos Kollege, mein Beifahrer lag neben mir im Krankenhaus. Es war ein Saal mit, ich glaube, 16 Betten. Er hatte jedoch nur leichte Verletzungen und war ziemlich schnell wieder gesund.

Als ich so ungefähr nach zehn Monaten wieder gehen konnte, mit Krücken versteht sich, hatte ich, weil ich zu lange den Gips über dem Knie hatte, ein steifes linkes Bein. Nun wurde mir im Krankenhaus erklärt, jetzt, da der Gips ab sei, müsse das Kniegelenk wieder so lange gebogen werden, bis ich es richtig bewegen könne. Übrigens, im Oberschenkel hatte ich einen so genannten »Künscher-Nagel«. Dieser Künscher-Nagel wurde mir in das Knochenmark des Oberschenkels geschlagen, von der Hüfte aus. Es war ein Stahlnagel und er wurde mir Mitte 1960 wieder herausgezogen, die Ärzte schenkten ihn mir als Andenken. Er war zirka 35 cm lang und natürlich wollte ich ihn bei unserer versuchten Flucht mitnehmen. Doch nach der Verhaftung, während der Durchsuchung unseres Autos, fanden die Soldaten diesen Nagel mit der Bemerkung: »Ausführung von Edelstahl ist verboten!« Er wurde mir also weggenommen. Also, die Behandlung meines Kniegelenkes ging so vonstatten: Ich musste mich auf einen Tisch setzen, so dass die Kniekehle genau mit der Kante des Tisches übereinstimmte. Dann kam eine Schwester, die mich festhielt, während die zweite Schwester versuchte, meinen Unterschenkel hinunterzudrücken. Das taten sie jeden Tag und es dauerte immer so 20 bis 25 Minuten. Nach jeder Behandlung wurde mit einem großen Winkelmesser gemessen, wie viel Grad sich das Gelenk abknickte. Das dauerte so ungefähr sechs bis acht Wochen, aber auch heute kann ich mein linkes Bein noch nicht vollständig beugen.

Dann musste ich vor Gericht, denn ich hatte ja meinen Sozius verletzt. Ich erhielt ein Jahr Fahrverbot und eine Ordnungsstrafe, eine Geldstrafe. Warum? Nun, weil ich meinen Mund nicht halten konnte. Auf die Frage des Richters zum Abschluss der Verhandlung, wer denn meiner Meinung nach schuld an dem Unfall sei, gab ich zur Antwort: »Die hübsche Frau, denn wenn sie dort nicht lang gegangen wäre, hätten wir nicht hingeschaut und dann wäre auch nichts passiert.« Das war mein erster Krankenhausaufenthalt.

Ein anderes Mal passierte Folgendes: Wir sind seit 1954 mit einem Berliner Ehepaar befreundet. Dieses luden wir damals zu einem gemeinsamen Urlaub in Ungarn ein. Sie kamen mit dem Auto aus Ostberlin über die ČSSR, wir fuhren aus Bayern über Österreich zum Balaton. Wir hatten dort ein kleines, neu erbautes Häuschen gemietet. Es hatte innen viel Holz, aber alles war sehr trocken. Man musste durch den Garten gehen, dann führten drei oder vier Stufen zur Tür, durch die man dann ins Wohnzimmer kam. Es war sehr schön dort. Eines Abends passierte uns ein Missgeschick, das sehr schlimm hätte ausgehen können. Wir saßen im Wohnzimmer am Tisch und tranken Irishcoffee. Das heißt, wir hatten einen Spirituskocher auf einem Tablett und da drüber wurde der Kaffee mit Whisky auf einem Gestell erhitzt. Wir hatten das schon mehrere Male gemacht, doch plötzlich lief Spiritus aus dem Kocher auf das Tablett, er war undicht geworden. Dieser Spiritus entzündete sich sofort, das Tablett brannte, es hatte einen kleinen Rand und der brannte lichterloh. Was tun? Wenn etwas auf den Tisch lief, würde auch der Tisch sofort in Flammen stehen. Noch schlimmer, etwas tropfte auf die Erde, dann bestand die Gefahr, dass das ganze Häuschen im Flammen aufging. Ohne in Panik zu geraten, stand ich auf, nahm das Tablett, griff mit beiden Händen zu und ging langsam zur Terrassentür. Meine beiden Daumen brannten bereits. Plötzlich lösten sich die Daumennägel ab, standen hoch und an meinen Fingern brannte es ebenfalls. Ich hatte aber keine andere Möglichkeit, ich musste weitergehen. Ich also ganz langsam durch die Tür, die drei, vier Stufen hinunter und erst da konnte ich das ganze Zeug ins Gras werfen. Es verlöschte sehr schnell und aus war es. Doch meine Hände sahen nicht sehr gut aus. Die beiden Daumennägel konnte man total abreißen. Natürlich hat es saumäßig wehgetan. Und natürlich habe ich mich hinterher gefragt: Wieso fällt nur mir so etwas ein? Aber das liegt wahrscheinlich daran, dass ich sehr lange brauche, um mich zu erschrecken. Übrigens, bei diesem Urlaub passierte mir auf der Heimfahrt noch mehr. Ich bekam Nierenkoliken. Wer die Entfernung vom Plattensee über Wien nach Ingolstadt kennt, weiß, was Nierenkoliken auf dieser Strecke bedeuten. Bei Wien fuhren wir eine Klinik an, dort erhielt ich eine Betäubungsspritze. Die hielt aber nur bis Linz. Von dort ging es weiter. Wenn wieder eine

Kolik anfing, fuhren wir bei der nächstmöglichen Stelle runter von der Autobahn auf einen Parkplatz oder eine Tankstelle. Ich legte mich über die Motorhaube, bis die Schmerzen etwas nachließen. Leute, die mich so sahen, dachten, ich wäre voll bis oben hin. Der darf doch so blau nicht mehr Auto fahren, dachten sie sicher. Doch was sollte ich dazu sagen? Wir kamen irgendwann in Ingolstadt an und ich fuhr, nachdem wir unser Auto ausgeladen hatten, sofort in eine Klinik. Dort erfuhr ich ein paar Tage später von Frauen, die ebenfalls Patienten waren und auch schon Koliken hatten, dass diese Schmerzen schlimmer sind als Wehen. Da sie alle schon Kinder hatten, blieb mir nichts anderes übrig, als ihnen zu glauben.

Ich wurde von Ingolstadt an eine Münchener Klinik überwiesen. Der dortige Professor behandelte mich bis Ende 1983 wegen Nierensteinen. Erst Medikamente, dann Steinzertrümmerung und so weiter … Aber alles half nichts. Ich hatte dann von diesem Professor die Nase voll und ging zurück in das Klinikum Ingolstadt. Der dortige Chefarzt sah sich meine Röntgenaufnahme an, die gleiche, die vorher der Professor in München gesehen hatte, und sagte: »Was es genau ist, müssen wir noch mit einer CT-Aufnahme feststellen, aber es ist mit Sicherheit kein Stein.« Was wieder einmal beweist, dass ein Titel noch lange nichts aussagt. Mit dem Professor in München hatte ich mich schon bei meiner ersten Vorstellung angelegt. Er nahm die Röntgenaufnahme, die ich von Ingolstadt mitgebracht hatte, heftete sie an seinen Kasten, schaute drauf und sagte: »Was sagen Sie, Ihre rechte Niere ist krank? Es ist doch die linke Niere.« Ich schaute auf die Aufnahme und entdeckte, dass er sie verkehrt herum angeheftet hatte, da mein Name am unteren Rand linksherum stand. Damals musste ich schmunzeln und sagte zu ihm: »Vielleicht drehen Sie die Aufnahme einfach herum und dann ist es die rechte Niere.« Das weckte bestimmt nicht gerade seine Sympathie für mich.

Also, nun war ich in Ingolstadt und bei einem sehr guten Urologen. Und um zum Ende dieser Geschichte zu kommen, es war bösartiger Krebs und man musste mir die rechte Niere herausnehmen. Doch ich habe ja noch eine Niere. Die ist übrigens auch schon operiert worden, wegen Nierensteinen, aber ansonsten noch ganz in Ordnung, wenigstens zurzeit noch. Steinproduktion war bei mir nicht selten. Bereits 1969 musste bei mir die Gallenblase wegen eines Gallensteines operativ entfernt werden. Der war ungefähr so groß wie eine Muskatnuss. Ganz so schnell ging das dieses Mal nicht ab. Durch die 1983 versuchte Zertrümmerung eines vermeintlichen Steines hatte dieser Professor in München den Tumor zum Streuen gebracht. Es befanden sich viele kleine Metastasen um die Nierengegend herum. Keiner wusste, wie es in mir ausschaute und ich hatte verdammte Angst zu sterben. Ich hatte auch noch in den folgenden Jahren darunter zu leiden. Weil kleine Tumore zum Beispiel auch aus der Blase entfernt werden mussten. Das letzte Mal war ich im Juni 1986 in der Urologie im Klinikum. Das Jahr 1986 war sicher für mich kein glückliches Jahr. Von Februar bis August war ich insgesamt sechsmal im Krankenhaus.

Um nun das Thema Gesundheit abzuschließen: Ich hatte auch einen Herzinfarkt und musste am Herzen operiert werden. Ich erhielt drei Bypässe. Nach zirka einer Woche, als ich wieder da war, fragte ich den Professor, wer mich operiert hätte und ob ich nicht bei einer Herzoperation zusehen dürfte. Er schaute mich an und fragte: »Wollen Sie das wirklich? Ich bejahte und da erlaubte er mir, am nächsten Tag bei einer Operation dabei zu sein. Und das ging so: Oberhalb des OPs gab es eine große Glasscheibe, durch die man auf den OP-Tisch sehen konnte. Doch dort hinauf durfte man nur in Ausnahmefällen und nach vorheriger Erlaubnis. Gesagt, getan, ich war am nächsten Morgen nach dem Frühstück oben und schaute die ganze Zeit zu. Ich sagte hinterher auf Nachfrage vom Stationsarzt: »Ich ziehe den Hut vor solchen Chirurgen.«

Aber ich erlebte noch mehr im Herzzentrum München, dort begegnete ich durch Zufall einer Person aus der Showbranche, und das kam so: Nach der Operation, ungefähr eine Woche später, lag ich in meinem Zimmer und las. Da hörte ich einen großen Krach auf dem Flur. Als danach eine Schwester in unser Zimmer kam, erzählte sie uns: »So eine Frechheit. Da fällt doch ein Mann auf den Boden, stöhnt und jammert. Ich laufe, um den Arzt zu holen. Doch als wir zurückkommen, ist er weg.« »Wo war er?«, fragte ich. Sie antwortete: »Ja, stellen Sie sich vor, es war ein Reporter, und der war inzwischen im Zimmer von Roy Black, wegen eines Interviews. Natürlich haben wir ihn sofort aus der Klinik geworfen.« So erfuhr ich, dass Roy Black auch hier war. Und bereits am nächsten Tag lernte ich ihn dann zufällig kennen. Ich wollte schnell wieder aus dem Krankenhaus raus und daher ging ich jeden Tag so acht- bis zehnmal eine hintere Treppe zu Fuß hinunter, wieder hinauf, wieder hinunter und so weiter. Und da traf ich ihn. Er machte das Gleiche wie ich, er versuchte, schnell gesund zu werden. Als er mich kommen sah, erschrak er und wollte wieder umdrehen. Doch ich öffnete mein Hemd am Halskragen ein wenig und zeigte ihm die frische OP-Narbe und dabei erklärte ich ihm: »Wenn dich hier im Krankenhaus jemand anspricht, soll er dir erst zeigen, ob er eine OP-Narbe bis zum Hals hoch hat.« Er lachte und bedankte sich für diesen Tipp. Dadurch kamen wir uns etwas näher. Es ging so über etliche Tage, wir trafen uns immer auf der hinteren Nebentreppe. Einmal sagte er: »Es ist kein schönes Leben für mich. Was habe ich davon, dass ich so bekannt bin? Ich habe überhaupt kein Privatleben mehr. Wohin ich auch gehe oder was ich auch mache, immer hängt irgendwo ein Reporter hinter mir, das beste Beispiel war der Vorfall vor ein paar Tagen hier im Krankenhaus.« Ich hörte ihm meistens zu, stellte fast nie eine Frage und dadurch kam er etwas zur Ruhe mit den Nerven. Als wir uns verabschiedeten, bedankte er sich bei mir dafür. Er tat mir schon irgendwie ein bisschen Leid.

So ungefähr 1999 lag ich das letzte Mal auf dem OP-Tisch. Als ich wieder wach wurde, standen Ärzte und Schwestern um den Tisch herum und alle grinsten. Ich fragte: »Habe ich etwas verbrochen oder in der Narkose etwas Peinliches gesagt?« »Nein«, antwortete mir der Chefarzt, »wir haben uns nur mal die Mühe gemacht, wo wir Sie hier schon liegen hatten, ihre Operationsnarben zu messen.« »Und?«, fragte ich. »Wir haben alle OP-Narben gemessen und addiert. Sie haben zirka 225 cm OP-Narben auf Ihrem Körper.« Na, dachte ich, das hat auch nicht jeder. Doch nun hören wir auf mit Krankheiten. Für meine Frau und Tochter habe ich 100 Schutzengel engagiert.

Ich kannte übrigens auch den vielleicht berühmtesten Radrennfahrer der Bundesrepublik, Rudi Altig. Woher? Nun, er ging bei meinem Vater in Spitalhof in die Schule. Doch da war er erst zwischen 12 und 14 Jahre alt. Aufgefallen ist er meinem Vater im Sport nur, weil er kaum Lust zum Fußballspielen hatte. Dafür ging er meinem Vater oft auf den Wecker, weil er nach Schulschluss mit dem Fahrrad zirka 60-mal fast jeden Tag die Runden drehte. Also, aus Spitalhof raus, Hundszell rein, rüber nach Spitalhof und so weiter. Irgendwann, vielleicht nach 30 bis 50 Runden, schickte mich dann mein Vater mit dem Auftrag hinaus, er solle mit dieser Hetzerei aufhören. Doch im Nachhinein betrachtet, waren das wohl seine ersten Trainingsrunden. Wer konnte denn wissen, dass dieser Rudi Altig einmal Weltmeister wird?

Nun noch einmal kurz zurück ins Jahr 1965. Im Dezember wurden wir, meine Frau und ich, wie schon berichtet, für zirka 35.000,- DM pro Person in die Bundesrepublik verkauft. Woher ich das weiß? Nun, ein paar Tage später las ich in der Zeitung, dass wieder zirka 200 Personen aus den Gefängnissen der DDR für zirka 7 000 000,- DM freigekauft wurden.

Im Januar 1966 bekam ich vom Arbeitsamt drei Adressen zur Bewerbung: Isar-Amper-Werke, Autounion und eine

Raffinerie. Übrig blieb die Raffinerie mit Sitz in München. Am 10. Januar sollte ich mich dort einer Eignungsprüfung stellen. Es waren so zirka 30 Bewerber für diesen Posten dort. Die Prüfungen dauerten den ganzen Tag. Worüber ich mich wunderte, es wurden kaum technische Fragen über Elektro, Maschinenbau oder so gestellt. Am Abend wurde ich zum Direktor ins Zimmer gebeten und er sagte mir, dass ich diesen Posten bekäme, da ich den höchsten IQ hätte. Ich hatte damals keine Ahnung, was ein IQ ist und fragte ihn: »Bitte, was ist ein IQ?« Er schaute mich verwundert an und dann erklärte er mir, dass das der Intelligenzquotient sei. Ich genierte mich, denn ich fühlte mich nicht klüger als die anderen Bewerber. Doch als er meine Unterlagen durchlas, sagte er mir: »Na, diese Bezeichnung gab es wahrscheinlich im Osten nicht.« Also, ich erhielt einen Vertrag, in dem jedoch eine Bedingung stand: Meine Festanstellung sollte erst nach einem Jahr gültig sein, wenn ich in Wort und Schrift Italienisch beherrschte. Na, dachte ich, das werden wir schon schaffen. Denn wie ich bereits erwähnte, Sprachen sprechen lernen machte mir großen Spaß. Außer Latein natürlich, denn wer unterhält sich schon auf Lateinisch? Er stellte mir einen Herrn vor, der aus Italien kam und der mich mit allen Vorkommnissen und allem nötigen Wissen vertraut machen sollte.

Zu Beginn der nächsten Woche trafen wir uns in Ingolstadt, auf dem Gelände einer Raffinerie. Er konnte kaum Deutsch und ich kaum Italienisch. Wir sollten für den Bereich, für den ich letztlich zuständig sein sollte, Personal einstellen. Bis dahin mussten wir beide jeweils zwölf Stunden abwechselnd arbeiten, egal, ob Sonntag oder Feiertag.

Er kam aus Ancona und jeder zweiter Satz von ihm war: »Ich lerne dich an und dann geht es sofort zurück nach Italien.« Da schlug ich ihm vor, er sollte mir Italienisch und ich könnte ihm Deutsch beibringen. Gesagt, getan, das lief gut, es machte mir Spaß, diese Sprache zu lernen. Das war im Januar 1966, heute ist er Großvater und lebt in der Nähe von Neu-Ulm und ist schon lange mit einer deutschen Frau verheiratet. Wir stellten also im ersten Vierteljahr Personal ein. Natürlich änderte sich dadurch nicht, dass wir Sonn- und Feiertage arbeiteten. Die Raffinerie lief ja jeden Tag und jede Nacht, egal, ob Ostern, Weihnachten oder ein anderer Feiertag, es wurde 24 Stunden an 365 Tagen gearbeitet. Doch auch daran konnte, oder musste, ich mich gewöhnen. Mit der italienischen Art zu leben freundete ich mich schnell an. Für mich sind die Italiener Weltmeister im Improvisieren. Aber egal, wie sie improvisierten, es funktionierte immer alles. Wenn ich zum Beispiel nachts an irgendeine Stelle gerufen wurde, ich hatte ja immer Bereitschaft, zum Beispiel zu einer Pumpstation, weil die Pumpe nicht richtig lief oder irgendein Fehler aufgetreten war, waren wir meist acht bis zehn Personen vor Ort, die eine Hälfte Deutsche, die andere Hälfte Italiener. Die Deutschen schimpften wie die Rohrspatzen, die Italiener erzählten sich Geschichten und lachten. Für sie war es Spaß. Ich erinnere mich noch an eine Besprechung im Donau-Hotel des Abends in Ingolstadt. Wir mussten am nächsten Tag an einer bestimmten Stelle die Leitung aufschneiden. Vorher jedoch vor und hinter dieser Schnittstelle die Leitung entleeren. Mit anderen Worten, es war bestimmt keine einfache oder alltägliche Arbeit. Doch es wurde erzählt und erzählt. Mittlerweile war es schon nach 22.00 Uhr. Da versuchte ich, sie zu unterbrechen, um auf die morgige Arbeit hinzuweisen. Was sagten sie fast einstimmig? »Peter, manchmal redest du wie ein Deutscher!« Der Witz war gut. Am nächsten Tag klappte alles wie am Schnürchen. Aber hier noch ein Beispiel, dass Italiener oft alles nicht so ernst nehmen. Dadurch, dass wir sehr häufig auch des Nachts arbeiten mussten, war für viele das Thema »Schlafen am Tag« ein Problem. Nur ich hatte damit keine Schwierigkeiten. Ich erklärte meinen italienischen Kollegen immer, ich könnte schlafen, wann ich es wollte. Das schien sich auch bis zum Vorstand nach München herumgesprochen zu haben. Ich musste regelmäßig nach München zum Vorstand. Da wurden alle Probleme einschließlich Verträgen mit Raffinerien durchgesprochen. Einmal hatte ich wieder eine Besprechung mit dem Vorstand und als ich so gegen 11.20 Uhr bei ihm eintraf, stand er auf, sagte im Sekretariat: »Nehmen Sie sich bitte einen Stuhl und dann gehen wir zum Stachus.« Unser Vorstand hatte seinen Sitz in der Sonnenstraße. Weiter sagte er zu mir: »Dann setzen Sie sich auf den Stuhl und dann wollen wir herausfinden, ob Sie wirklich zu jeder Zeit und egal, wie groß der Lärm ist, schnell einschlafen können.« Ich war völlig platt. Kann sich irgendjemand vorstellen, dass so etwas in einer deutschen Firma zwischen dem ersten Vorstand und einem Angestellten passiert? Ich glaube ganz sicher nicht. Also, wir liefen zum Stachus. Für Nichtbayern: Das war damals ein Platz mit Rundverkehr und so gegen Mittag gab es da LKWs und PKWs in Massen. Und da stellten sie den Stuhl zirka einen Meter von der Bord-

steinkante entfernt auf, einer der Herren hatte eine Stoppuhr dabei, und dann sagte der Chef:»Also, Herr Brandt,
bitte sehr, nun können Sie schlafen.« Nun gut, ich setzte
mich auf den Stuhl, verschränkte meine Arme, streckte
die Beine aus und schloss meine Augen. Ach ja, vorher
wurden noch zwei Kollegen links und rechts vom Stuhl
postiert, die aufpassen sollten, dass ich, falls ich wirklich
einschlafen sollte, nicht vom Stuhl falle. Plötzlich schüt-
telten sie mich wach und dann erklärten sie mir, dass ich
laut Stoppuhr in genau 4 Minuten und 42 Sekunden eingeschlafen sei. Dieses Mal waren die Italiener um mich
herum, einschließlich Vorstand, sprachlos. Als ich sie mir
dabei so ansah, dachte ich, na, mein Schlafen könnte auch
für andere nützlich sein.

Einmal hatten wir eine Panne und es wurde vom dortigen
Landrat der Notstand ausgerufen. Es stellte sich später
heraus, dass ein Ingenieur, ein Deutscher, an einer Pumpe
ein falsches Ventil geöffnet hatte. Anschließend wurde
der Leiter sofort in die Prärie versetzt, der arme Kerl kam
nach Sizilien. Nun war er einer der ganz Wenigen, die kein
Italienisch sprachen. Jahre später erfuhr ich durch Zufall,
dass er einen Antrag an die Behörden in München und
Stuttgart gestellt hatte, wieder nach Deutschland zurück
zur Raffinerie kommen zu dürfen. Die Behörden fragten
in München an und der Vorstand erklärte den Behörden,
das sollte allein ich entscheiden. Nun, mir tat er Leid, und
so sagte ich den Behörden, sie könnten ihn ruhig wieder
nach Deutschland, Bayern, zurückkommen lassen. Und
so erschien er wieder, es war 1972. Seine erste Aufgabe

war es, mich ins Ausland, irgendwohin, zu versetzen. Er wusste ja nicht, dass er nur durch mich wieder in Deutschland war. Er machte es so dringend, dass ich keine andere Möglichkeit sah, als per 31.12.1973 zu kündigen. Da ich unbedingt in Ingolstadt bleiben wollte, suchte ich mir eine neue Arbeitsstelle. Ich bewarb mich bei einem Amt, das in Ingolstadt seinen Sitz hatte. Jetzt fragen sich sicher einige, warum ich unbedingt in Ingolstadt bleiben wollte. Als ich meine Frau damals in Ostberlin überredete, den Fluchtversuch zu unternehmen, hatte sie einen Einwand. Sie glaubte, so abenteuerlustig, wie ich es sei, würde ich es in Ingolstadt auch nicht lange aushalten und dann ginge es wieder woanders hin. Da versprach ich ihr, wenn sie mitmachen würde, mit mir nach Ingolstadt gehen würde, dann würde ich von dort nicht mehr freiwillig wegziehen. Darum, und weil mir dieser Leiter, der durch mich wieder nach Deutschland durfte, unter anderem Afrika oder Asien vorschlug, suchte ich mir eine Arbeitsstelle in Ingolstadt, wie gesagt bei einem Amt. Sollte ich noch einmal …? Eigentlich wollte ich nie mehr freiwillig bei einem Amt anfangen. Hier nur eine kleine Szene: Das Amt zog um in ein frisch renoviertes, altes Gebäude. Bei der Einweihung war auch der damalige Finanzminister anwesend. Er stand zufällig neben mir und fragte mich leise: »Wie viel Personal hat dieses Amt?« Meine Antwort: »Ich glaube, 100 Personen.« Darauf der Minister: »Und wie viele sind davon Beamte?« Meine Antwort: »Ich glaube, 20 Personen.« Dann fragte er: »Warum nicht mehr?« Ich antwortete: »Mehr können wir nicht ernähren!« Natürlich habe ich mir damit nur einen Jux erlaubt. Denn es gab auch etliche Beamte, die gut arbeiteten. So war das Amt. Na, und so ging es in diesem Amt weiter. Ich habe einmal bei einer Personalversammlung den Vorschlag gemacht, dass niemand eingestellt werden sollte, wenn er nicht vorher wenigstens zehn Jahre in der freien Wirtschaft beschäftigt gewesen wäre. Auf die Frage einiger der Anwesenden, warum denn das, antwortete ich: »Damit sie vorher richtig arbeiten lernen.« Das heißt natürlich nicht, dass alle, die dort beschäftigt waren, Faulpelze waren. Ich habe auch dort viele angetroffen, die fleißig waren und ihre Arbeit machten. Aber es gab eben auch die anderen. Einer dieser Beschäftigten, er war übrigens Beamter, hatte nur eine Maxime, die er jedem, der es hören wollte oder auch nicht hören wollte, erzählte. Er sagte immer, dass er einen Eid geleistet hätte, die Werte des Staates zu erhalten: »Wenn ich das schaffe, ohne zu arbeiten, bin ich überhaupt nicht verpflichtet zu arbeiten.« So waren leider noch einige in diesem Amt.

Hier noch eine lustige Geschichte aus meiner Zeit in der DDR: Ich musste 1963 eine Trafostation neu bauen, in Königswusterhausen bei dem Sender, der in den Westen ausstrahlte. Als ich hinkam, stand natürlich die NVA mit Maschinenpistolen am Tor. Im Wachhaus war ein kleines Fenster und dahinter saß ein Soldat. Er rief mir zu: »Name?« Ich zog meinen Personalausweis und wollte ihn dem Soldaten geben. »Name, habe ich gesagt«, schnauzte er mich an. Ich rief meinen Namen ins Fenster hinein, bot ihm aber gleichzeitig wieder meinen Ausweis an. Er wieder: »Wo wohnen Sie, Ihre Adresse?« Ich sagte: »Berlin Treptow.« Als ich wieder den Ausweis hob, wurde er richtig wütend. Er schimpfte auf Sächsisch:»Die Straße, habe ich gesagt.« Ich antwortete:»Galileistraße 36.« »Wie bitte?« »Na, Galileistraße 36.« »Geben Sie Ihren Ausweis her.« Warum? Er wusste nicht, wie Galileistraße geschrieben wird.

Noch etwas: In Berlin gab es bereits vor Bau der Mauer an den Sektorengrenzen Polizei. Sie kontrollierten Ausweise, was man in Taschen oder Beuteln aus der DDR in den Westen bringen wollte, ebenso, wenn man von Westberlin nach Ostberlin wollte. Ursprünglich waren es Berliner Polizisten. Und da es ja kaum jemand in Ost- oder Westberlin gab, der im anderen Teil keine Verwandten oder Freunde hatte, sollte auch kontrolliert werden, was zum Beispiel ein Ostberliner aus dem Westen mitbrachte. Ich habe zum Beispiel am Übergang Oberbaumbrücke öfters miterlebt, dass eine ältere Frau aus Westberlin zurückkam und ein Stück Butter in der Tasche hatte. Es gab Zeiten, wo es keine Butter in Ostberlin gab. Dann sagte der Polizist:»Oma, hau doch mit der Butter ab«, und ließ sie gehen. Doch das ging nicht sehr lange so. Plötzlich, über Nacht, war die gesamte Berliner Polizei von der Grenze verschwunden und es standen Wachen aus Sachsen da. Ja, und die, die nahmen den Leuten das kleinste bisschen weg, ohne Gnade. Übrigens, wussten Sie, wie der Volksmund über Butter sprach? Es gab jedes Jahr in Leipzig die Messe. Dort gab es zu der Zeit immer Butter. Die Butter wurde damals im Osten »katholisch« genannt. Warum? Weil sie immer zur Messe nach Leipzig kam.

Doch nun wieder zurück zu den 80er und 90er Jahren. Bei dem Verkauf von uns an die Bundesrepublik wurde gleichzeitig das Gerichtsurteil für ein Jahr auf Bewährung ausgesetzt und nach Ablauf dieses Jahres, 1967, stellten wir einen Besuchsantrag für Besuche in der DDR. Wir hatten dort natürlich noch Verwandte und Freunde. Ein befreundetes Ehepaar hatte in Neuendorf, Mark Brandenburg, Nähe Oranienburg, eine Datsche. Wir konnten bei den Wirtsleuten des einzigen Gasthauses im Ort wohnen. Die Frau dieses Ehepaares hatte eine Zeit lang im gleichen Betrieb wie meine Frau gearbeitet, ihr Ehemann war gelernter Werkzeugmacher und er spielte Eishockey, sogar in der Nationalmannschaft der DDR. Ich kannte sie seit 1954, jetzt also über 50 Jahre. So machten wir jedes Jahr in Neuendorf Urlaub. Natürlich mit Abstechern überallhin in Brandenburg und auch nach Berlin. Das letzte Mal vor Öffnung der Mauer Anfang September 1989. Ich war immer überzeugt davon, dass es dazu kommen würde, dass die Mauer fallen würde. Bei unserer Verabschiedung im September 1989 war Honecker laut Zeitung so krank, dass er bereits eine Weile nicht mehr in der Öffentlichkeit aufgetreten war. Damals sagte ich zu unseren Freunden: »Wenn der Honecker stirbt, dann ändert sich hier sehr viel.« Ich war mir sicher, dass wir es alle vier noch erleben würden, wie die Mauer fällt und beide Teile Deutschlands wieder zusammenfinden. Tja, ich war oder bin nun mal ein Optimist.

Wenn man mehr als siebeneinhalb Jahrzehnte auf der Welt ist, hat man sicher viele Menschen kennen gelernt. Mal waren es unsympathische, mal sympathische, mal waren sie berühmt und mächtig und mal waren sie ganz normale Menschen. Und damit schließt die abenteuerliche Geschichte eines Berliners, der in mehreren Teilen Deutschlands gelebt hat, als Straßenjunge im Prenzlauer Berg seinen Weg begann und oft Angst zu sterben hatte.